MEDITAÇÕES DIÁRIAS com SANTO AGOSTINHO

CONFISSÕES

MEDITAÇÕES DIÁRIAS com SANTO AGOSTINHO

CONFISSÕES

Tradução de Caroline Silva

Rocco

Título original
DAILY MEDITATIONS WITH SAINT AUGUSTINE
Minute Meditations for Every Day Taken from the Writings of Saint Augustine

Organização: Ana Lima

EDITORA ROCCO LTDA.
Rua Evaristo da Veiga, 65 – 11° andar
Passeio Corporate – Torre 1
20031-040 – Rio de Janeiro – RJ
Tel.: (21) 3525-2000 – Fax: (21) 3525-2001
rocco@rocco.com.br
www.rocco.com.br

Printed in Brazil/Impresso no Brasil

Preparação de originais
NATÁLIA PACHECO

CIP-BRASIL. CATALOGAÇÃO NA PUBLICAÇÃO
SINDICATO NACIONAL DOS EDITORES DE LIVROS, RJ

A221m

Agostinho, Santo, Bispo de Hipona, 354-430
Meditações diárias com Santo Agostinho : confissões / Santo Agostinho ; tradução Caroline Silva. - 1. ed. - Rio de Janeiro : Rocco, 2025.

Tradução de: Daily meditations with Saint Augustine minute : meditations for every day taken from the writings of Saint Augustine
"Prefácio William Douglas"
ISBN 978-65-5532-625-3
ISBN 978-65-5595-417-3 (recurso eletrônico)

1. Devoções diárias - Igreja Católica. I. Silva, Caroline. II. Título.

CDD: 242.2
25-100402.2 CDU: 2-58-2

Carla Rosa Martins Gonçalves - Bibliotecária - CRB-7/4782

Respira em mim, Espírito Santo,
para que todos os meus pensamentos sejam santos.
Move em mim, Espírito Santo,
para que minha obra também seja santa.
Atrai meu coração, Espírito Santo,
para que eu ame somente o que é santo.
Fortalece-me, Espírito Santo,
para que eu defenda tudo que é santo.
Protege-me, Espírito Santo,
para que eu seja sempre santo.

Apresentação

Devocionais para reflexão e meditação diária sempre acompanharam a caminhada de muitos cristãos ao longo dos séculos. Eles são guias preciosos para momentos de introspecção, quando paramos para refletir sobre a vida, suas dores, crises e desafios, e buscamos em Deus equilíbrio, segurança e força para enfrentar a complexidade da existência.

Nesta obra você encontrará pensamentos selecionados de Agostinho de Hipona (354–430 d.C.), um dos Pais da Igreja e reconhecido como um dos maiores teólogos da história. Embora tenha sido criado por uma mãe cristã fervorosa, viveu, como tantos, uma juventude marcada por incertezas morais, prazeres passageiros e crises existenciais. Após sua conversão sincera, escreveu mais de cem obras, entre as quais se destacam *Confissões* e *A Cidade de Deus*, clássicos da tradição cristã e do pensamento ocidental.

Muitas de suas ideias moldaram profundamente a cultura e a fé cristã: a relação entre fé e razão, a importância da introspecção, da consciência individual e da busca pela verdade; a liberdade e o livre-arbítrio; a responsabilidade moral; o sentido do tempo e da história; a graça e o amor de Deus. Sua influência alcançou grandes nomes da filosofia e da teologia, como Anselmo de Cantuária, Tomás de Aquino, Martinho Lutero, João Calvino, Blaise Pascal, Immanuel Kant, Søren Kierkegaard, Karl Barth, Reinhold Niebuhr, entre outros.

Minha oração é que, assim como Agostinho encontrou em Deus esperança para atravessar as dores e perdas da vida com fé e devoção — e com isso marcou a vida de tantos ao longo da história —, as palavras de sabedoria reunidas neste devocional também inspirem e fortaleçam o seu coração.

— William Douglas,
autor de *25 Leis Bíblicas do Sucesso*

MEDITAÇÕES DIÁRIAS com SANTO AGOSTINHO

1 Janeiro

Senhor, permite que a minha alma dê glória a Ti,
que ela possa amar mais a Ti.

Confissões V, 1, 1

A VERDADE E A VIDA QUE TODOS QUEREMOS

Quando aquele homem rico perguntou ao Senhor, "Que bem preciso fazer para obter a vida eterna?", o Senhor disse a ele que deveria seguir os mandamentos, ao que o homem respondeu: "Já fiz tudo isso!"

Mas, quando Ele deu Sua resposta a respeito dos mandamentos, o que disse o Senhor? "Se quiseres a vida..." Ele não disse "a vida abençoada", porque uma vida amaldiçoada não deve ser verdadeiramente chamada de vida. Ele não disse "a vida eterna", porque, onde há medo da morte, não é possível falar em vida.

Sermão 150, 10

2 Janeiro

Reconhecemos e louvamos a Ti, Cristo, nosso Senhor. Tu és rei e pastor, aquele que morreu por nós.

Sermão 202, 4

A BUSCA POR UM NOVO CAMINHO

Reconhecemos nosso Senhor Jesus Cristo, que, para nosso consolo, foi colocado em uma estalagem exígua e abarrotada e, agora, para nossa exaltação, está assentado no céu.

Proclamemos a Ele nesta terra, neste pedaço de nossa carne, ao não retomarmos o caminho pelo qual viemos e ao abandonarmos os rastros de nosso antigo modo de viver. É nesse sentido, afinal, que os reis magos não retornaram do modo que chegaram. Mudar de caminho significa mudar de vida.

Sermão 202, 4

3 Janeiro

Ó verdade eterna, verdadeiro amor, e amada eternidade,
Tu és meu Deus, e por Ti anseio dia e noite.

Confissões VII, 10, 16

CRISTO DESCEU PARA NOS ELEVAR

Quando ouves que "A verdade elevou-se da terra", isso representa a condescendência de Cristo, não sua condição; sua bondade, não sua miséria.

Para que essa verdade pudesse se elevar da terra, Ele desceu do céu. Para que o noivo pudesse sair de sua câmara, Ele precisou vir do alto do céu.

Sermão 192, 3

4 Janeiro

Senhor, Tua promessa nos diz que devemos regozijar em Teu semblante e fitar Tua face.

Salmos 75, 1-5

CELEBREMOS O NASCIMENTO

Caminhamos pela fé e vagamos em exílio de Deus, enquanto estamos famintos e sedentos por justiça e ansiamos com um ardor que excede as palavras pela beleza da forma de Deus.

Expressemos nossa lealdade ao, devota e fielmente, celebrarmos o nascimento da forma de servo.

Sermão 194, 4

5 Janeiro

Ó alimento e pão dos anjos! Os anjos se abastecem em Ti; é de Ti que eles extraem a vida; e onde Tu estás por mim?

Sermão 196, 3

TEMOS CRISTO EM CRIANÇA; CRESÇAMOS COM ELE

Onde estás, ó Senhor Jesus, por mim? Em uma hospedaria exígua e abarrotada; vestido em farrapos; em uma manjedoura.

Ele se fez pequeno, mas não se perdeu de Si; Ele assumiu o que não era, mas permaneceu como era. Eis-nos aqui: temos Cristo em criança; cresçamos com Ele.

Sermão 196, 3

6 Janeiro

Fala, ó Senhor, que eu escuto. Meu coração está ouvindo; abre os ouvidos do meu coração e diz à minha alma: "Eu sou a tua salvação."

Confissões I, 5, 5

CRISTO FALOU DO CÉU POR MEIO DE UMA ESTRELA

Cristo ainda não podia falar com Sua língua na terra, então falou do céu por meio de uma estrela. Desse modo, demonstrou quem era, e de onde e em prol de quem Ele viria, não com a voz da carne, mas pelo poder da Palavra que se tornou carne.

Sermão 202, 2

7 Janeiro

Quão grande é a consideração que Tu demonstras ter por nós, ó bom Senhor. Tu, que nos fizeste, desceste até nós.

Sermão 395, 2

EU ESTOU CONTIGO

Nossa Cabeça nos apanhou em Seu Corpo; onde Ele estiver, os membros de Seu Corpo seguirão no devido tempo, porque, onde a Cabeça tomar a frente, o Corpo a seguirá.

Ele está no céu, nós estamos na terra. Se pensares no espaço, Ele está longe; se pensares no amor, Ele está conosco.

Sermão 395, 2

8 Janeiro

*Senhor, concede a mim algo que seja eterno,
algo que nunca morra. Concede a mim
sabedoria, Tua própria Palavra.*

Salmos 102, 1-10

VALORIZA A VIDA ETERNA

Aquilo que deveria ser mais valioso do que qualquer outra coisa é aquilo que alcançarás após todas as tuas labutas e que nunca corres o risco de perder.

Se algo te é caro, algo que alcançastes após todas as tuas labutas e que certamente estás prestes a perder cedo ou tarde, o que mais de eterno deverias desejar?

Sermão 62, 16

9 Janeiro

Mas tu, ó Deus, vês e percebes o sofrimento e a tristeza e sempre estás pronto para ajudar. Os que não podem se defender, confiam em Ti.

Salmos 10, 1

APODERA-TE DA HUMILDADE DE DEUS

Lutamos pelas grandes coisas; que possamos tomar posse das pequenas coisas para que sejamos grandes. Desejas tomar posse da grandiosidade de Deus? Antes, apodera-te da modéstia de Deus.

Digna-te a ser modesto e humilde por tua própria conta, e não por Ele. Então, apodera-te da humildade de Cristo; aprende a ser humilde; não seja orgulhoso.

Sermão 117, 17

10 Janeiro

Ó meu Senhor, Tu nunca deixarás de ser o centro de meus cânticos e de meus louvores.

Solilóquios IV, 3

QUE A CARIDADE TE FAÇA NASCER

Que seja caridade o que bebemos da abundância da fonte, que seja dela que nos apoderamos, dela que nos nutrimos. Domina com firmeza aquilo que te dará o firme domínio das coisas.

Que a caridade te faça nascer, que a caridade te crie, que a caridade te aperfeiçoe, que a caridade te fortaleça, de modo que possas ver o que a Palavra vê, pois a Palavra não é uma coisa e Sua visão outra; mas aquilo que a Palavra vê é também o que a Palavra é.

Sermão 126, 15

11 Janeiro

Que todo aquele que compreende isso louve a Ti, ó Deus, e também todo aquele que não compreende.

Confissões XI, 31- 41

CANTAR UMA NOVA CANÇÃO

Esta é a nova canção: a graça da nova aliança que nos distingue do velho homem, o primeiro a ser feito da terra, terrenamente. Ele foi feito da lama e, ao perder seu estado de alegria, foi diretamente lançado na miséria porque surgiu como um transgressor do mandamento.

Porque ninguém pode louvar a Deus — cantar uma canção — a menos que seus feitos estejam em sintonia com suas palavras pelo amor a Deus e ao próximo.

Sermão 33, 5

12 Janeiro

Eu amo apenas a Ti, sigo apenas a Ti, busco apenas a Ti, e estou pronto para servir apenas a Ti.

Solilóquios I, 1, 5

O PODER DA PALAVRA HUMANA

O que quer que eu diga, está tudo posto a todos e a cada um. É essa a impossibilidade de explicar satisfatoriamente o enorme poder que uma palavra humana tem, e me perguntas o que a Palavra de Deus é?

Que Ele se revele a nós, o unigênito, o único Filho. Ele resumiu, mas o que disse é tremendo: "Eu e o Pai somos um."

Sermão 237, 4

13 Janeiro

Deixa-me conhecer a Ti, Tu que me conheces; e que eu possa então saber quando sou conhecido.

Confissões X, 1, 1

RECONHECE O DOUTOR

Todos éramos perfeitamente capazes de ferir a nós mesmos, mas quem de nós seria capaz de remediar o que fizemos? O mesmo ocorre com os malfeitos; qualquer um é capaz de ferir a si mesmo quando bem entender, não é? Mas não és capaz de te curar quando bem entenderes.

Então, tem uma mente temente a Deus; sê um cristão fiel; não sejas ingrato pela graça. Reconhece o Doutor; os doentes nunca se curam por si mesmos.

Sermão 160, 7

14 Janeiro

Tu quiseste me mostrar antes de tudo, ó Senhor, de que maneira frustras os orgulhosos, mas ofereces graça aos humildes.

Confissões VII, 9, 13

OLHA DENTRO DE TI MESMO

Cita uma pessoa que tenha ouvido a Cristo; cita uma pessoa que tenha ouvido em temor e tremido diante destas palavras: "Tem cuidado com toda avareza."

Olha dentro de ti mesmo, vê o que há dentro de ti, examina o que existe em ti. Acomoda-te no julgamento de ti mesmo, senta-te diante de ti e derrama-te diante do mandamento de Deus. Não sejas fraco contigo; responde a ti mesmo.

Sermão 107, 9

15 Janeiro

Dá-me as coisas que amo, porque realmente as amo, e esse amor foste Tu que me deste, ó Deus.

Confissões XI, 22, 28

ELEVA AQUILO QUE AMAS

Eleva aquilo que amas e ama-o ali. E não penses que receberás de volta apenas o que depositaste.

Depositas coisas perecíveis e receberás de volta o imperecível. Depositas coisas temporárias e receberás de volta coisas eternas. Depositas coisas terrenas e receberás de volta coisas celestiais. Por fim, abres mão do que o teu Senhor te deu, e o prêmio que receberás d'Ele é o próprio Senhor.

Sermões 2, 114

16 Janeiro

Senhor, Tu me gritaste de longe: "Eu sou quem sou." Eu Te ouvi como alguém ouve uma palavra no coração.

Confissões VII, 10, 16

DEMOS À LUZ O LOUVOR

Que a misericórdia de Cristo venha aos nossos corações. Sua mãe O gerou no ventre dela; que O sustentemos em nossos corações. A Virgem foi grande com a encarnação de Cristo; que nosso seio cresça com a fé em Cristo. Ela deu à luz o Salvador; demos à luz o louvor.

Não precisamos ser estéreis; nossas almas devem ser frutíferas com Deus.

Sermão 189, 3

17
Janeiro

Ó Todo-poderoso e mais amoroso Doutor, lava minha alma nas águas da tribulação, de modo que possa receber a marca da Tua imagem.

Solilóquios II, 10

LEMBRA DO RICO E DO POBRE

Lembra daquele homem rico no Evangelho e daquele homem pobre; daquele homem rico vestido em púrpura e linho fino e esbaldando-se em banquetes todo dia; e daquele homem pobre, por outro lado, coberto de úlceras, prostrado diante dos portões do homem rico, faminto, implorando pelas migalhas da mesa dele.

Então, lembra-te disso; afinal, só podes lembrar porque Cristo está em teu coração.

Sermão 102, 3

18 Janeiro

Lembra, Senhor, somos Teu pequeno rebanho;
mantém-nos Teus. Estende Tuas asas e
deixa-nos buscar abrigo debaixo delas.

Confissões X, 36, 59

PAI E FILHO SÃO UM

Mantém-te na fé em toda a sua força e integridade e catolicidade. Sempre que ouvires ou leres nas Escrituras sobre um lugar no qual a grandeza do Pai é revelada, lembra-te da "forma de servo"; quando leres que Pai e Filho são um, acredita na divindade de Cristo.

Sermão 229

19 Janeiro

Senhor, dá-me mais fé, mais esperança, mais amor.

Solilóquios I, 1, 5

CARIDADE: O FRUTO DA FÉ

Que grande coisa é a caridade! A alma das Escrituras, a força da profecia, o poder salvador dos Sacramentos, o fruto da fé, a riqueza dos pobres, a vida dos moribundos.

O que poderia ser mais magnânimo do que morrer pelos ímpios? O que seria mais bondoso do que amar os próprios inimigos?

Sermão 350, 3

20 Janeiro

Ó Senhor, nosso Deus, concede-nos a confiança na sombra das Tuas asas; protege-nos debaixo delas e nelas suporta-nos.

Confissões IV, 16, 31

O CAMINHO É O CRISTO HUMILDE

Cristo "o caminho" é o Cristo humilde; Cristo "a verdade e a vida" é o Cristo exaltado e Deus. Se caminhares com o Cristo humilde, alcançarás o Cristo exaltado; se, em teu estado de saúde adoentado e débil, não rejeitares o humilde, permanecerás em perfeita saúde e força com o exaltado.

Afinal de contas, qual era a razão da humildade de Cristo, senão a sua debilidade? Uma vez que não tinhas capacidade de ir até Ele, Ele veio até ti. Ele veio, ensinando a humildade.

Sermão 142, 2

21 Janeiro

Vem, Senhor, acorda-nos e chama-nos de volta, incendeia-nos e suporta-nos; permite-nos amar a Ti e correr até Ti.

Confissões VIII, 4, 9

PREENCHIDO COM A PLENITUDE DE DEUS

Pensa em uma árvore; ela fixa suas raízes em um simples solo para estender seus ramos mais altos até o céu.

Tu, no entanto, desejas compreender as alturas sem caridade; desafias os ventos sem raízes. Essa é uma forma de desmoronar, não de crescer. Com Cristo habitando em teu coração através da fé, estás enraizado e alicerçado em um amor, de modo que possas ser preenchido com toda a plenitude de Deus.

Sermão 117, 17

22 Janeiro

Deixa que eu Te conheça, Tu que me conheces; e que eu possa saber então como sou conhecido.

Confissões X, 1, 1

A JUSTIÇA DE DEUS NELE

Cristo, nosso Senhor, Jesus, nosso Salvador, nosso Redentor, foi feito em pecado para nós para que fôssemos a justiça de Deus n'Ele. Como? Escuta a lei. Na lei, tais sacrifícios que eram oferecidos para os pecados também eram chamados de pecados. E o que é Cristo, senão o sacrifício pelo pecado?

Paulo diz que Cristo te amou e entregou-se por ti como uma oferta e sacrifício a Deus por um odor agradável. Então, deixa que uma lei te mostre o que é o pecado e que outra o leve embora. Deixa que a lei da letra te mostre teu pecado e que a lei da graça leve-o embora.

Sermão 152, 11

23 Janeiro

Ó Senhor, eu amo a Ti. Eu amo, queimo, anelo por Ti; esmago debaixo do meu pé tudo que traz prazer aqui. Quero ir até Ti.

Sermão 159, 8

A CARIDADE É FIRME E INABALÁVEL

A caridade é a única coisa que não é abalada pela boa sorte do outro, porque não é invejosa. É a única coisa que não é inflada pela própria boa sorte, porque não é vaidosa. É a única coisa que não é perturbada por uma consciência pesada, porque não age com arrogância.

É firme e inabalável em meio às repreensões; é bem-disposta diante do ódio; calma diante da raiva; inocente no meio de intrigas, um lamento no meio da iniquidade, um novo fôlego na presença da verdade.

Sermão 350, 2

24 Janeiro

Todo aquele, ó Senhor, que corretamente busca a Ti, foste Tu que o fizeste buscar corretamente a Ti.

Solilóquios I, 1, 6

JESUS, NOSSO SALVADOR

Nossa fé verdadeiramente defende que Jesus foi enviado até nós como nosso Salvador; desde então Cristo é anunciado como o próprio Cristo, isto é, o Corpo de Cristo em todo o mundo.

Então Cristo anuncia Cristo, o Corpo anuncia sua Cabeça, e a Cabeça cuida de seu Corpo.

Sermão 354, 1

25 Janeiro

Tu transpassaste meu coração, ó Deus, com Tua Palavra, e eu me apaixonei por Ti.

Confissões X, 6, 8

TU ESTÁS ME PERSEGUINDO

Quando Jesus exclamou (para Paulo) "Tu estás me perseguindo!", Ele estava indicando que nós somos membros d'Ele. Então que assim o amor de Cristo, a quem amamos em ti, o amor de Cristo, a quem tu amas em nós, conduza a todos nós, em meio às nossas provações, às nossas tentações, ao nosso labor, ao nosso suor, às nossas ansiedades, nossos infortúnios, até o lugar onde não há labor, infortúnio, gemido, suspiro, aborrecimento; onde ninguém nasce, ninguém morre, ninguém precisa temer a ira dos poderosos, onde todo ser é protegido pela face do Deus onipotente.

Sermão 229N, 3

26 Janeiro

Ó Deus, o que devo entregar a Ti por todas as coisas que entregaste a mim?

Sermão 254, 6

O QUE DEVO ENTREGAR AO SENHOR?

Deus, por sua bondade, e não por nosso direito, tornou-se devedor. O que já fizemos por Ele que justificasse que o tivéssemos em débito? Talvez tenhas ouvido nos salmos: "O que devo entregar ao Senhor?"

Essas são as palavras de um devedor, não de alguém que demanda reembolso por um débito. Algo foi adiantado a ele. Para começar, eu não era nada, e Ele me fez.

Sermão 254, 6

27 Janeiro

Fala comigo, ó Deus meu, em verdade e em meu coração, porque só Tu falas assim.

Confissões XII, 16, 23

SENHOR E SALVADOR

Esse nosso Senhor e Salvador, o Filho de Deus, a Palavra de Deus que se tornou carne, ensinou àqueles que n'Ele acreditam como viver e como morrer: viver sem cobiça; morrer sem medo.

Ele nos ensinou como viver de modo que possamos não morrer para sempre; Ele nos ensinou como morrer de modo que possamos viver para sempre.

Sermão 313E, 1

28 Janeiro

Deixa-nos por fim nos voltarmos a Ti, Senhor, para que não estejamos em desequilíbrio.

Confissões IV, 16, 31

PROSSEGUE CONTIGO MESMO

Olha para Paulo, sem entender e ainda assim buscando, seguindo às escondidas, arquejando, ofegando, ansiando; olha para ele, vê o que ele está apontando para seu Deus, o que ele está estendendo, se um dedo ou seu espírito.

Permaneço seguindo, ele diz, permaneço andando, ele diz, estou no caminho. Prossegue contigo mesmo, se puder. Que cheguemos ao nosso lar final, juntos, onde não buscarás respostas de mim, nem eu de ti.

Sermão 261, 3

29 Janeiro

Ó Senhor meu Deus, ouve minha oração. Que Tua misericórdia possa escutar meu anseio, um anseio ardente não apenas por mim, mas por servir aos irmãos que amo profundamente.

Confissões XI, 2, 3

A HUMANIDADE NOS UNE

O espírito da pessoa que verdadeiramente oferece algo aos pobres experimenta um tipo de simpatia pela humanidade e pelas enfermidades comuns quando a mão daquele que tem está verdadeiramente posicionada sobre a mão daquele que necessita.

Embora um esteja dando e o outro recebendo, aquele que está sendo atendido e aquele que está atendendo estão sendo reunidos em um relacionamento verdadeiro. Vê, não é a calamidade que de fato nos une, mas a humanidade.

Sermão 259, 5

30 Janeiro

Deus, Tu nos conduzes até a porta;
Tu a fizeste para ser aberta.

Solilóquios I, 1, 4

O FILHO DE DEUS TORNOU-SE O CAMINHO

O Filho de Deus, que está sempre na verdade e na vida do Pai, tornou-se o caminho ao tomar para si um Homem. Caminha com o Homem e chegarás a Deus.

Vais por Ele e chegas por Ele. Não procures um caminho para chegar a Ele que não seja por Ele. Afinal, se Ele tivesse se recusado a ser o caminho, estaríamos perdidos para sempre.

Sermão 141, 4

31 Janeiro

Nunca Te esqueci porque, onde quer que eu já tenha encontrado a verdade, eu Te encontrei, Deus meu.

Confissões X, 24, 35

CRISTO É VERDADE E PAZ E JUSTIÇA

Porque Cristo é verdade e paz e justiça, concebei-O na fé e dai-O à luz em obras, de modo que o que o ventre de Maria fez pela carne de Cristo, vossos corações façam pela lei de Cristo.

O que quero dizer é: como poderíeis não ter parte na criação de Cristo, quando sois membros de Cristo? Maria deu à luz a Cabeça dele, a Igreja, todos vós.

Sermão 192, 2

1 Fevereiro

Ó Deus, tu fizeste a humanidade à Tua imagem e semelhança; ouve-me do Teu modo, que é conhecido por poucos.

Solilóquios I, 1, 4

FILHO DE DEUS

O criador do homem foi feito Homem, de modo que o diretor das estrelas se tornasse um bebê no seio; de modo que o pão tivesse fome e que a fonte tivesse sede; de modo que a luz adormecesse e que o caminho se cansasse da jornada; de que a verdade fosse acusada por falsas testemunhas e que o juiz dos vivos e dos mortos fosse julgado por um juiz mortal.

Sermão 191, 1

2 Fevereiro

Ó manifesta enfermidade e maravilhosa humildade, sob as quais estava oculta a total Divindade!

Sermão 184, 3

O TESOURO DO REINO DOS CÉUS

O único, e íntegro, lucro a ser tirado da riqueza é o tesouro que estiver no reino dos céus. É por isso que o Senhor não te aconselha a jogar fora todo o teu ouro, mas sim a transferi-lo para outro banco.

Afinal, Ele não te disse "Quando o deres, irás perdê-lo", mas sim "É um mau investimento guardá-lo na terra; dá-lo a Mim, que Eu o guardarei em segurança para ti no céu."

Sermão 15A, 5

3 Fevereiro

Aquilo que nos maravilha na carne de Maria, ajuda-nos, ó Deus, a realizar nas profundezas de nossas almas.

Sermão 191,4

O DIVINO SER

Proclama as boas-novas do "de dia em dia, a Sua salvação". Isso, verás, é o que dizia Simeão: "Aquele por quem eu esperava já veio; o que ainda estou fazendo aqui?"

Ele O tomou nos braços bem quando estava prestes a ser tomado por Ele. Carregou o Cristo em forma humana; foi carregado pelo Cristo, o Divino Ser.

Sermão 217, 6

4 Fevereiro

Clamemos a Deus enquanto Deus; amemos a Deus enquanto Deus. Pois Tu tens plena misericórdia para com aqueles que clamam a Ti.

Salmos 85, 1

VERDADEIRA PIEDADE

Demonstremos verdadeira piedade em nossas vidas. Amemos a Deus livremente e sem buscar nada em troca. Aquele que se revelou a nós, em nossa jornada, na forma de servo, reserva para nossa chegada ao nosso destino final a forma de Deus.

Sob a forma de servo, Ele pavimentou a estrada; sob a forma de Deus, construiu o reino de Seu Pai.

Sermão 91, 9

5 Fevereiro

Ó Deus, Tu és verdade e riqueza abundante de bondade que nunca decepciona.

Confissões V, 12, 22

A CURA DOS OLHOS

O que exige todos os nossos esforços na vida é a cura dos olhos de nosso coração, com os quais Deus deve ser visto.

É para isso que os Mistérios sagrados devem ser celebrados, para isso que a Palavra de Deus deve ser pregada, para isso que as exortações morais da Igreja devem ser proferidas — aquelas que se preocupam com a correção de nossos desejos carnais, com a melhoria dos nossos hábitos e com a renúncia a este mundo, não apenas em palavras, mas em uma mudança de vida.

Sermão 88, 5

6 Fevereiro

Ó Divina Palavra, ficamos maravilhados diante da Virgem trazendo uma criança ao mundo.

Sermão 192,1

PROCLAMEMOS AS BOAS-NOVAS

Proclamemos as boas-novas "de dia em dia, a Sua salvação"; proclamemos "entre as nações a Sua glória, entre o povo as Suas maravilhas".

Ele está deitado na manjedoura, mas segura o mundo inteiro em Suas mãos; Ele suga os seios de Sua Mãe, mas alimenta os anjos; Ele está envolto em farrapos, mas nos veste em imortalidade; Ele é amamentado, mas também adorado.

Sermão 190, 4

7
Fevereiro

Senhor, meu Deus, sê minha esperança.

Salmos 39, 7

ELE É TUA ESPERANÇA

As coisas visíveis são agradáveis, são belas, são boas; busca Aquele que as fez: Ele que é tua esperança. Ele que agora é tua esperança, Ele que depois será a realidade que possuirás. Tua esperança enquanto acreditas, tua posse quando vires.

Deixa que Ele seja tua esperança na terra dos mortos, e Ele será tua porção na terra dos vivos.

Sermão 313F, 3

8 Fevereiro

Quando busco a Ti, meu Deus, o que busco é uma vida de felicidade.

Confissões X, 20, 29

CRISTO, O VENCEDOR

Depois que o diabo concluiu cada uma das tentações, afastou-se d'Ele até ser chegada a hora. Afastou-se d'Ele na forma, dito seja, da "serpente perniciosa", e voltará na forma do "leão que ruge". Mas Aquele que pisará no leão e no dragão triunfará sobre ele. Ele voltará; tomará Judas, fará com que traia seu Mestre; ele se infiltrará na multidão e gritará por meio da boca de todos: "Crucifica-O, crucifica-O!"

Cristo foi o vencedor ali. Por que isso deveria nos surpreender? Ele sempre foi o Deus Todo-poderoso.

Sermão 284, 5

9 Fevereiro

Bendito seja aquele que ama a Ti, Senhor,
e ama seu amigo em Ti.

Confissões IV, 9, 14

AMAR LIVREMENTE

Amigos devem ser amados livremente, por seu próprio bem, e não para o bem de qualquer outra coisa. Se a regra da amizade te convoca a amar os outros livremente, em prol deles mesmos, mais livremente deve ser amado Deus, que ordena que tu os ames! Não há nada mais agradável do que Deus.

Sermão 385, 4

10 Fevereiro

Minha esperança, Senhor, é que Tu tragas a Tua misericórdia em mim à perfeição.

Confissões X, 30, 42

DEUS, O ÚNICO PROFESSOR

Eis uma diferença considerável entre a eternidade e o tempo. Na primeira, é exigida devoção; na segunda, é oferecido descanso. Por essa razão, como bons negociantes, notemos dia após dia quão bem nos saímos, que benefício obtivemos.

Devemos não apenas ser atentos no ouvir, mas também vigorosamente ativos. Essa é uma escola na qual Deus é o único professor, e Ele exige bons alunos, aqueles que anseiam pelas aulas, e não aqueles que delas escapam.

Sermão 16A, 1

11 Fevereiro

A misericórdia, ó Deus, que Tu concedes aos Teus santos é uma misericórdia celestial, não terrena.

Salmos 35, 8

MOSTRAR O QUE ELE FEZ

Ama a Deus; o que quer que tu amas vem d'Ele. Que não amemos a criatura em detrimento do Criador, mas que prestemos atenção à criatura e louvemos ao Criador.

Não posso te mostrar o meu Deus; posso te mostrar o que Ele fez. Posso te lembrar o que Ele fez. Todas as coisas foram feitas através d'Ele.

Sermão 261, 4

12 Fevereiro

Ó Deus, que nosso coração estremeça em arrependimento e que isso seja nosso sacrifício a Ti.

Sermão 19, 2

O QUE É O ARREPENDIMENTO?

O que é o arrependimento, senão a raiva de ti mesmo? Qual é o objetivo de bater em teu peito, se estás apenas fingindo? Por que bater nele, se não estás com raiva dele?

Então, ao bater em teu peito, tu te enraiveces contra teu coração, a fim de fazer as pazes com teu Senhor.

Sermão 19, 2

13 Fevereiro

Olha para baixo em misericórdia, Senhor, e liberta-nos, pois clamamos a Ti. Liberta também aqueles que ainda não clamam a Ti, para que possam te invocar e que Tu possas libertá-los.

Confissões I, 10, 16

QUE OUTROS ATRAVESSEM TAMBÉM

Estás buscando a severidade de Deus? Agora que atravessaste, permite que outros atravessem também. Não é porque já atravessaste que vais romper a ponte da misericórdia de Deus atrás de ti. Ainda há outros que precisam atravessar.

Ele te fez bom quando eras mau; Ele quer o mesmo para os outros, que se façam de maus em bons, assim como tu, sendo mau, foi feito alguém bom.

Sermão 113A, 12

14 Fevereiro

Sem Ti, ó Deus, para mim tudo é miséria; ai de mim por dentro e por fora, e toda riqueza é penúria se não estiver em Ti, meu Deus.

Confissões XIII, 8, 9

SE ALIMENTAR DA ESPERANÇA

O jejum representa as dores da disputa, já que "todo aquele que participa de uma disputa é abstêmio em todas as coisas". A comida, por outro lado, representa a esperança de paz, que não será perfeita até que nossos corpos, cuja redenção aguardamos, "revistam-se em imortalidade".

Ainda não desfrutamos dessa glória, mas já nos alimentamos da esperança nela.

Sermão 263A, 4

15
Fevereiro

Ó Deus, sabemos que Tu és digno de confiança;
Tu cuidarás de nós.

Salmos 39, 8

DAR PARA RECEBER

Se é impudente que um fazendeiro busque colheita onde sabe que não plantou nenhuma semente, quanto mais impudente é querer que Deus seja generoso quando te recusas a ouvir o pedido de um pobre? É no pobre, afinal, que aquele que nunca tem fome deseja ser alimentado.

Não rejeitemos, assim, nosso Deus quando está necessitado nos pobres, de modo que, em nossas necessidades, possamos ser satisfeitos por Ele em suas riquezas. Temos pessoas necessitadas, e nós mesmos somos necessitados; que possamos dar para receber.

Sermão 206, 2

16 Fevereiro

Olha para o meu coração, ó Deus, olha para este meu coração, do qual Tu tiveste piedade em seus recônditos mais profundos.

Confissões II, 4, 9

FÉ EM JESUS CRISTO

O remédio para todas as feridas da alma e o caminho para expiar toda a delinquência humana é acreditar em Cristo. Não é nem mesmo possível que qualquer povo seja purificado senão pela fé firme e justa no Corpo d'Aquele que "não cometeu nenhum pecado e em cuja boca jamais foi encontrado qualquer engano".

Ao acreditar n'Ele, as pessoas se tornam filhas de Deus, porque nasceram de Deus pela adoção da graça que consiste na fé em Jesus Cristo, o nosso Senhor.

Sermão 143, 1

17 Fevereiro

Dá-me ordens, eu imploro a Ti, e faz qualquer decreto que desejes, mas cura e abre os meus ouvidos, para que eu possa ouvir Tua voz.

Solilóquios I, 1, 5

O SACRAMENTO É SEU CORPO

Muitas pessoas recebem o Sacramento do Corpo de Cristo, mas nem todas que recebem o Sacramento também terão um lugar em Sua companhia, prometida aos Seus membros. Quase todas as pessoas, é verdade, dizem que o Sacramento é Seu Corpo porque se alimentam juntas de Seus pastos.

Mas Ele voltará e separará essas pessoas, colocando algumas à direita e outras à esquerda. E cada um dos lados dirá: "Senhor, Senhor, quando foi que vimos e servimos a Ti?" Ou: "Senhor, Senhor, quando foi que vimos e não servimos a Ti?"

Sermão 354, 2

18 Fevereiro

És Tu, Senhor, que iluminarás nossa escuridão.

Confissões XIII, 8, 9

MANTER O CAMINHO DA JUSTIÇA

Devemos lutar até a morte pela verdade e nunca dar falso testemunho, nunca perjurar contra nós mesmos e manter o caminho da justiça mesmo quando for perigoso. Não há nada muito notável, afinal, em manter o caminho da justiça quando ele é perfeitamente seguro.

Que tenhamos em mente que o diabo está sempre atento em nós, nosso tentador e perseguidor; e, em nome de Deus, nosso Senhor, e com Sua ajuda, que estejamos ainda mais atentos.

Sermão 94A, 5

19
Fevereiro

Senhor, abre os ouvidos do meu coração e diz à minha alma: "Eu sou a tua salvação." Permite-me correr em direção a essa voz e me agarrar em Ti.

Confissões I, 5, 5

A RIQUEZA DA ALMA

Reconhece e ama Aquele que te fez, e Ele te encherá de si. Tu possuirás a Deus; estarás cheio de Deus. Essa é a maior riqueza da alma. A riqueza do corpo é supérflua, pois nossos corpos exigem muito pouco para serem controlados. Já a riqueza da alma não é supérflua.

Tuas riquezas interiores são enormes. Tu, que és pobre, achas que não tens nada, quando tem a Deus? E tu, rico, achas que tens o que quer que seja quando não tens a Deus?

Sermão 107A, 3

20 Fevereiro

Tu, Senhor, apagaste todas as mazelas em mim.

Confissões XIII, 1, 1

O CRIADOR DOS CÉUS

Que maior misericórdia poderia haver para com os miseráveis do que aquela que trouxe o Criador dos céus e revestiu o Fundador da terra em um corpo terreno?

Isso tornou Aquele que permanece igual ao Pai em eternidade igual a nós em mortalidade, impondo a forma de servo ao Senhor do mundo; de modo que o próprio pão tivesse fome, que a saciedade tivesse sede, que a força se tornasse fraca, que a saúde fosse ferida e que a vida fosse morta!

Sermão 207, 1

21 Fevereiro

Eu amo a Ti, ó Deus, mas, se meu amor for demasiado mau, permite-me amar com mais paixão.

Confissões XIII, 8, 9

RECORDA-TE

Recorda como e que tipo de criatura tu eras quando chegaste. Foi aqui que chegaste. E se empregar inadequadamente a fortuna que alcançaste, significa que te afundaste em orgulho. Não saíste nu do ventre de tua mãe?

Dá, portanto; dá para não perder o que tens. O que deres, encontrarás esperando por ti; se não deres, irás deixá-lo para trás.

Sermão 114A, 4

22 Fevereiro

És grande, Senhor, e infinitamente digno de ser louvado; grande é Teu poder, e incomensurável Tua sabedoria.

Confissões XII, 1

O TEMPO DA FÉ

O tempo da fé é árduo, mas este é um trabalho pelo qual há pagamento. Não sejas preguiçoso no trabalho pelo qual desejas ser pago.

Se contratas um funcionário, não adiantas o pagamento antes que ele comece a trabalhar. Tu dirias: "Faze e então receberás." Do mesmo modo é com Deus. Tu, uma pessoa temente a Deus, não enganas teu funcionário.

Sermão 38, 4

23 Fevereiro

Ajuda-nos, Senhor, a sermos abundantes em boas obras, em gentileza, em bondade, em generosidade.

Sermão 261, 9

FAZ TUA ESCOLHA

Nossa purificação diária é a oração do Senhor. Permite-me dizer algo — e isto é uma verdade, que se trata também de uma esmola: "Perdoa as nossas dívidas, assim como perdoamos aos nossos devedores. Dá esmolas, e todas as coisas te serão purificadas."

Lembra do que Ele dirá àqueles que estarão à sua direita. Ele não dirá "Tu fizeste essa e aquela grande obra", mas "Eu tive fome, e tu me deste de comer".

Sermão 261, 9

24 Fevereiro

Ó Senhor nosso Deus, nos dá paz; pois Tu nos deste tudo que prometeste.

Sermão 77A, 2

PAZ

Nosso inimigo externo, o diabo, estará debaixo dos nossos pés quando o inimigo interno, a ganância, tiver sido curado, de modo que possamos viver em paz.

Que tipo de paz? O tipo a que o apóstolo se referiu: "A paz de Deus, que excede todo entendimento, guardará vossos corações."

Sermão 77A, 2

25
Fevereiro

Tu me capacitas, Senhor, e me encorajas
a bater, e abres quando bato.

Confissões XII, 12, 15

O SENHOR CONHECE SEU AZEITE

Algo sempre está ocorrendo nesse lagar de azeitonas. O mundo é o lagar; as extrações não têm fim. Sede azeite, não resto. Que cada um vos convertais a Deus e mudeis vosso modo de vida.

O Senhor do lagar opera sem cessar através de Seus trabalhadores, os anjos sagrados. Ele conhece Seu azeite, Ele sabe quanto pode extrair, a exata pressão necessária para obtê-lo. Entende, o Senhor conhece os Seus.

Sermão 19, 6

26 Fevereiro

Acima de tudo que sou, Tua bondade, ó Deus, absolutamente prevalece.

Confissões XIII, 1, 1

AS CHAVES DA IGREJA SÃO MAIS CONFIÁVEIS QUE O CORAÇÃO DOS REIS

O que perdes quando imploras perdão a Deus, sendo que não hesitaste em perder tua saúde espiritual ao ofenderes a Deus? Quem pode ter certeza, afinal, de que o imperador quiçá concederá perdão?

Além disso, dinheiro foi derramado, mares foram cruzados, a incerteza das tempestades foi enfrentada, e, para evitar a morte, a própria morte foi praticamente experimentada! Ainda assim, as chaves da Igreja são mais confiáveis que o coração dos reis.

Sermão 351, 12

27 Fevereiro

Pai, faz-me procurar-Te e protege-me do mal; e, quando eu buscar, não permitas que eu encontre nada que não seja Tu.

Solilóquios I, 1, 6

ELE PERDOOU TODOS OS NOSSOS PECADOS

Deus enviou Seu Filho para nos redimir. Nós recebemos essa graça. Vivamos em dignidade naquilo que recebemos. Não façamos nada mau com tamanha graça.

Que Médico esplêndido veio até nós! Ele perdoou todos os nossos pecados. Se nos sujeitarmos a ficarmos doentes de novo, não apenas prejudicaremos a nós mesmos, mas seremos ingratos ao Médico.

Sermão 23A, 2

28 Fevereiro

Senhor, ajuda-nos a estarmos vigilantes contra a avareza e extravagância persuasivas.

Sermão 86, 6

AVAREZA E EXTRAVAGÂNCIA

Às vezes, duas senhoras opostas tomam posse de uma pessoa: a avareza, que diz "poupa", e a extravagância, que diz "gasta". Sob o domínio de tais senhoras que dão ordens e fazem exigências contraditórias, o que tu farias?

Cansai, ó povo livre chamado à liberdade, do domínio de tais senhoras. Reconhecei e acolhei vosso Redentor, vosso Libertador. Sede Seus escravos; Ele vos dá ordens mais simples, ordens que não são contraditórias.

Sermão 86, 7

1 Março

Volto para Ti, ó Deus, febril e sedento da Tua fonte. Não permitas que ninguém me impeça; deixa-me beber e obter vida nela.

Confissões XII, 10, 10

NOSSA ORAÇÃO BUSCA A PAZ E A RECEBE

Na humildade e na caridade, jejuando e doando, controlando-nos e perdoando, fazendo boas ações e não retribuindo as más, afastando-nos do mal e fazendo o bem, nossa oração busca a paz e a recebe.

Vê, a oração voa com toda a beleza quando é carregada nas asas de tais virtudes e, desse modo, flutua mais facilmente até o céu, onde Cristo, a nossa paz, precedeu-nos.

Sermão 206, 3

2 Março

Tu, ó Deus, revelas-Te a todo aquele que ama a Ti, de acordo com a Tua vontade.

Confissões XII, 15, 19

NEGANDO A TI MESMO EM AMOR A CRISTO

Uma vez que a maioria das pessoas são como os amores que as conduzem, e uma vez que sua própria preocupação em determinar como deveriam viver deveria se resumir ao que deveriam amar, por que seria uma surpresa que aqueles que amam a Cristo e querem segui-Lo devem negar a si mesmos em amor a Ele?

Se te perderes no amor-próprio, acabarás negando a ti mesmo.

Sermão 96, 1

3 Março

Que possamos encontrar caridade dentro de nós, Senhor.

Sermão 34, 7

UM INVENTÁRIO DA CARIDADE

Submetei-vos, queridos irmãos e queridas irmãs, a uma investigação minuciosa, revirai seus armários mais íntimos.

Contabilizai cuidadosamente quanta caridade tendes e aumentai a quantidade que encontrardes. Prestai atenção nesse tipo de tesouro, para vos tornardes ricos em vosso interior.

Sermão 34, 7

4 Março

Ajuda-nos, Senhor, a sermos incansáveis em fazer o bem.

Sermão 164A, 4

FAZ O BEM ÀQUELES QUE TE ODEIAM

A esmola, que não deve ser menosprezada, é concedida a todo pobre por direito de humanidade, visto que o próprio Senhor aliviou as necessidades dos pobres até mesmo a partir daqueles fundos que se tornaram realidade por meio de contribuições de outras pessoas.

Os mais vis dos pecadores são, claro, aqueles que odeiam e perseguem a Igreja, e mesmo sobre eles nos é dito: "Faz o bem àqueles que te odeiam." E isso é confirmado pelo exemplo de Deus, o Pai "que faz Seu sol se levantar sobre os bons e os maus e envia Sua chuva sobre os justos e os injustos".

Sermão 164A, 4

5
Março

Na eternidade nas alturas, Tu aguardas o fim do tempo dos pecadores, para que chegue o tempo dos justos.
Pois Teus inimigos perecerão, ó Senhor,
Teus inimigos perecerão.

Salmos 91, 7

CONTRA A TENTAÇÃO

Até que cheguemos à paz onde não teremos mais inimigos, devemos continuar lutando longa, fiel e incansavelmente, a fim de recebermos do Senhor Deus a coroa da vitória.

O apóstolo Tiago diz: "Que ninguém diga, ao ser tentado, que está sendo tentado por Deus."

Sermão 77A, 3

6 Março

Cristo, lê para mim o Novo Testamento.
Faz-nos feliz sob a Tua lei.

Sermão 25, 8

SERVIR AO NECESSITADO

Todos vós estais buscando alcançar a Cristo, sentado nos céus. Servi a Ele quando está debaixo dos arcos, servi quando tem fome, servi quando treme de frio, servi quando está necessitado, servi quando é um estrangeiro. Fazei se essa já é a vossa prática; fazei se ainda não o é.

O conhecimento da doutrina de Cristo está crescendo; deixai que as boas obras cresçam também. Vós louvais o Semeador, dai uma colheita a Ele.

Sermão 25, 8

7 Março

Pai misericordioso, Tu te alegras mais com o arrependimento de um pecador do que com noventa e nove justos que não precisam de arrependimento.

Confissões VIII, 3, 6

PERDOA E SÊ PERDOADO

Que haja, nos espíritos mansos e humildes, uma compaixão pronta a perdoar. Que aquele que causou uma ofensa peça perdão; que aquele que foi ofendido conceda o perdão; de modo que não sejam possuídos por Satanás, cujo triunfo é a discórdia entre os cristãos.

E isto, vê, é uma esmola de grande valor e benefício: perdoar a dívida de seu servo, para que sejas libertado de tuas dívidas pelo Senhor.

Sermão 210, 12

8 Março

Tua Palavra, ó Deus, é uma fonte de vida eterna que nunca morre.

Confissões XIII, 21, 31

MINHA PALAVRA E A PALAVRA DE DEUS

Assim como a minha palavra foi apresentada ao teu entendimento e não partiu da minha mente, assim a Palavra foi apresentada ao nosso entendimento e não partiu de teu Pai. Minha palavra estava comigo e saiu através do som da minha voz; a Palavra de Deus estava com o Pai e saiu através da carne.

Mas não posso fazer com a minha voz o que Ele fez com Sua carne, posso? Não posso conservar a minha voz, isto é, conforme ela flui de mim. Ele não apenas conservou a Sua carne, de modo que nasceu, viveu e agiu nela, mas também a fez subir quando morreu.

Sermão 119, 7

9 Março

Tem misericórdia de mim, ó Deus, pois em Ti minha alma depositou sua confiança.

Sermão 20A, 1

MISERICÓRDIA, SENHOR

Em todas as coisas deste mundo, nas boas e nas más, haverá tentação. As coisas boas são propensas a nos decepcionar com suas adulações, e as coisas más, a nos abalar com suas ameaças.

Desse modo, se a tentação estará em todas as coisas, o cristão nunca está totalmente seguro, mas deve dizer e fazê-lo de todo o coração o que temos cantado a Deus: "Tem misericórdia de mim, Senhor, tem misericórdia de mim, pois em Ti minha alma depositou sua confiança."

Sermão 20A, 1

10 Março

De nenhum lugar Tu te ausentas, Senhor, e mesmo assim quão tardiamente nós nos voltamos para Ti!

Confissões VII, 3, 8

O PERDÃO AJUDA A VIVER

Se te lembras de já teres deixado de fazer as pazes com alguém, acorda e livra-te do teu torpor. Se estás tão ansioso para cobrar o pagamento do teu devedor, pensa por um momento que tu és um devedor de Deus.

Se tens vergonha de pedir perdão a alguém, troca esse tipo ruim de vergonha por um bom tipo de medo, de modo que, terminadas as animosidades destrutivas, uma vez elas finalmente livres, tu possas viver.

Sermão 209,1

11
Março

Como poderemos ser capazes de carregar a Ti, ó Deus, a menos que Tu, sendo carregado, carregue a nós?

Sermão 112A, 6

A CARGA DE CRISTO

Aquele que carrega uma carga pesada parece estar sobrecarregado, mas ainda sente algum peso; mas aquele que não carrega carga alguma evidentemente caminha com os ombros completamente livres.

Bem, a carga de Cristo não se parece em nada com isso. Vê, é um alívio que se carrega, de modo que sejas elevado e iluminado. Se a removesses, descobririas que estás mais sobrecarregado do que nunca.

Sermão 112A, 6

12 Março

Abre os lábios do meu coração, para que minha voz exalte até os céus a Tua bondade, o Teu amor e a Tua infinita misericórdia.

Solilóquios VII, 2

COM A LÍNGUA ORAMOS A DEUS

Precisamos muito da língua. O que fazemos com tão útil membro? Com ela oramos a Deus, com ela corrigimos erros, com ela proferimos louvores, com ela cantamos em uma só voz harmônica para Deus, com ela todos os dias nos mostramos gentis e atenciosos quando falamos aos outros ou lhes damos conselhos.

Neste exato momento, minha própria língua presta serviço a Ti.

Sermão 16A, 2

13
Março

Que as Tuas obras de misericórdia cantem louvores a Ti das profundezas da minha alma, ó Deus meu.

Confissões VII, 6, 8

SE FEZ HUMILDE SENDO HUMILDE

Como Cristo se fez humilde? O próprio João nos disse: a Palavra se fez carne e habitou entre nós. Sendo imortal, Ele aceitou a mortalidade para morrer por nós, e Sua morte aniquilou a nossa.

É isso o que o Senhor fez; é isso o que Ele nos ofereceu. Sendo grande, Ele se fez humilde; sendo humilde, Ele foi morto, morto e ressuscitado e exaltado em si na ressurreição dos mortos; e agora nos ressuscita na fé e na confissão dos justos.

Sermão 23A, 4

14 Março

Senhor, Tua deformidade foi nossa beleza.

Sermão 27, 6

FICA COM O CRISTO DEFORMADO

Nesta vida, fiquemos ao lado do Cristo deformado. O que quero dizer com "Cristo deformado"? "Longe de mim gloriar-me, a não ser na cruz de nosso Senhor Jesus Cristo, por meio da qual o mundo está crucificado para mim, e eu para o mundo." Esse é o Cristo deformado.

Alguma vez eu já disse que sabia algo de vós, além do caminho? Este é o caminho: crer n'Aquele que foi crucificado. Carregamos o sinal dessa deformidade em nossas testas.

Sermão 27, 6

15 Março

Ajuda-nos, Senhor, a continuar seguindo em frente.

Sermão 169, 18

SEGUI EM FRENTE

Segui em frente, meus irmãos e minhas irmãs; sempre examinai a vós mesmos sem autoengano, sem lisonja, sem bajulação. Afinal, não há ninguém em vosso interior diante de quem precisais sentir-vos envergonhados ou a quem tenhais que impressionar.

Existe Alguém, mas Ele se agrada com a humildade. Deixai que Ele vos teste. Quanto a vós, testai a vós mesmos. Sempre estai insatisfeitos com o que sois se desejardes alcançar o que ainda não sois.

Sermão 169, 18

16 Março

Minha fé clama por Ti, Senhor, esta fé que é Teu presente para mim.

Confissões I, 1, 1

LEMBRA DA TUA FÉ E ACORDA CRISTO

Cristão, Cristo dorme no teu barco. Acorda-O; Ele comandará a tempestade, e tudo se acalmará.

O que significa acordar Cristo? Acordar a tua fé, lembrar-te daquilo em que creste. Então, lembra-te da tua fé e acorda Cristo. Tua própria fé comandará as ondas que te perturbam e os ventos da perversidade persuasiva.

Sermão 361, 7

17 Março

Quando Tu és nossa firme segurança,
isso é a verdadeira força.

Confissões IV, 16, 31

QUE DEUS TE SEJA SUFICIENTE

Deixa que Deus te seja suficiente, pois Ele não te abandona. Ele pensou em ti antes mesmo que tu existisses; achas que Ele não pensará em ti para que possas permanecer vivo?

Tu já creste n'Ele, já O louvaste, já depositaste tua esperança n'Ele; achas que Ele deixará faltar a ti o que sabe que todos precisamos?

Sermão 107A, 5

18 Março

Ó Deus, Teu único Filho, em quem estão escondidos todos os tesouros da sabedoria e do conhecimento, redimiu-me com Seu sangue.

Confissões X, 43, 70

DEUS NOS ENSINA A HUMILDADE

Se tentássemos explicar a lição de paciência que se encontra na Cruz, ou quão salutar ela é, quais palavras fariam justiça ao assunto, qual tempo seria preciso para as palavras? Poderia alguém que crê genuína e seriamente em Cristo ter a audácia de se orgulhar, quando Deus nos ensina a humildade não apenas por palavras, mas também pelo exemplo?

A seguinte frase das Sagradas Escrituras nos assegura quão útil é essa lição: "Diante da ruína, o coração se exalta; e, diante da glória, ele se torna humilde."

Sermão 218C, 4

19
Março

Vem, Senhor, permite que Te amemos e corramos para Ti.

Confissões VIII, 4, 9

AQUELE SENTADO À DIREITA DO PAI

Abençoados foram aqueles que tiveram o privilégio de ter Jesus presente entre eles antes de sua Paixão, de Lhe perguntar o que quisessem e de ouvi-Lo como deveriam ouvir.

De fato acreditamos n'Ele como Aquele que agora está sentado à direita do Pai; e, ainda assim, enquanto estivermos neste corpo, erramos no exílio distante d'Ele.

Sermão 210, 4-5

20 Março

Assim vos digo que há alegria diante dos anjos de Deus por um pecador que se arrepende.

Lucas 15:10

O ARREPENDIMENTO

Para lavar o pecado da negação, Pedro precisou do batismo das lágrimas do Senhor. Paulo deu este conselho a respeito das pessoas com opiniões divergentes e a respeito de como seu povo deveria lidar com tais pessoas: "Com gentileza, corrige aqueles que têm opiniões divergentes, no caso, talvez, de o Senhor lhes ter dado o arrependimento." Então, mesmo o arrependimento é um presente de Deus.

Timóteo 2:25-26

21
Março

Senhor, que eu possa ver as Tuas Escrituras como a Tua face. Que eu derreta diante delas.

Sermão 22, 7

O CALOR DA PALAVRA EMANA

Deus fez o homem, e o homem fez o pecado. Então, por que tremer quando Deus te diz: "Que os pecadores pereçam diante da minha face"? O que Deus está te dizendo é: "Deixa perecer em ti o que fizeste, e Eu preservarei o que Eu fiz".

Mesmo agora o fogo está ardendo, o calor da palavra emana, o brilho feroz do Espírito Santo.

Sermão 22, 7

22 Março

Senhor meu Deus, a quem devo servir na humildade e na simplicidade!

Confissões X, 56

GLÓRIA E HUMILDADE

Nosso Criador se sujeitou a nós porque se mostrou como somos, nosso Libertador. Ele se sujeitou a nós sob nossa forma; oculto enquanto Deus, mostrou-se como humano; desprezado como humano, foi descoberto como Deus; mas apenas foi descoberto porque primeiro foi desprezado.

Pois, vede, Ele não estava preparado para conceder-vos a glória antes de primeiro ensinar-vos a humildade.

Sermão 20A, 4

23 Março

Senhor, ajuda-me a compreender essa justiça à qual as pessoas boas e santas servem.

Confissões III, 7, 14

JOSÉ, O JUSTO

Que homem justo é José! Ele não quis manter a esposa adúltera, para não dar a entender que a poupou por amá-la de forma lasciva. E, ainda assim, não a pune nem a expõe à vergonha.

Justamente, ele foi escolhido para dar testemunho da virgindade de sua esposa. Então, enquanto ficou desconfortável pela fraqueza humana, foi fortalecido pela autoridade divina.

Sermão 51, 9

24 Março

Meus olhos estão fixos na Tua misericórdia, Senhor.

Confissões X, 34, 53

BOM SENSO NA ATENÇÃO AO NOSSO INSTRUTOR

Que todos nós tenhamos de prestar atenção aos avisos de nosso instrutor, de modo a não desperdiçar o tempo da misericórdia do nosso Salvador, que se estende a nós neste momento, pois a raça humana está sendo poupada.

Vê, estamos sendo poupados para que possamos ser convertidos e para que ninguém seja condenado.

Sermão 109, 1

25
Março

Que Cristo, o Filho da Virgem, ó Deus, nascido na carne de um ventre virginal, venha em meu socorro.

Da Santíssima Virgindade 100, 2

O VENTRE DE MARIA

Aquele que te gerou foi gerado em ti, Maria; Aquele por quem foste gerada foi gerado em ti. Ou melhor, Aquele por quem o céu e a terra foram feitos, por quem todas as coisas foram feitas, a Palavra de Deus, fez-se carne em ti, tornando-se carne sem perder a Divindade.

E a Palavra foi unida à carne; a Palavra se tornou uma com a carne; e a câmara nupcial desse casamento surpreendente é o teu ventre.

Sermão 291, 6

26 Março

Senhor, não nos deixeis desviar do calor do Espírito, da luz da Verdade.

Sermão 170, 11

CAMINHA COM SEGURANÇA EM CRISTO

Cristo se tornou o caminho para nós, e agora tememos a chegada? Esse caminho não pode ser fechado, não pode ser rompido, não pode ser destruído por chuvas ou inundações, nem bloqueado por bandidos.

Caminha com segurança em Cristo, sem ansiedade. Caminha! Não tropeces, não caias, não olhes para trás, não desvies da estrada. Apenas está atento a todas essas coisas, e tu chegarás lá.

Sermão 170, 11

27
Março

Que seja por amor a Ti que eu o faça.

Confissões XI, 1, 1

CONCEDE O PERDÃO

Quem quer que tu sejas, que pensas em Cristo e desejas receber o que Ele prometeu, não deves tardar a fazer o que Ele te mandou.

Afinal, o que Ele prometeu? A vida eterna. E o que Ele mandou que tu faças? Conceder perdão ao teu semelhante. Tal como Ele te disseste: "Se tu, um ser humano, conceder perdão ao teu semelhante, eu, Deus, poderei ir até ti."

Sermão 114, 2

28 Março

Ó Deus, quão alto e glorioso Tu és, e ainda assim Tu fizeste dos corações humildes Teu lar!

Confissões XI, 31, 41

PIEDADE COMO MÉRITO

Uma vez que a mesma coisa foi encontrada tanto no pobre Lázaro como no rico Abraão, isto é, a humildade, nem as riquezas são um obstáculo para um nem a pobreza para o outro, mas o mérito de ambos era sua piedade.

É por isso que, no caso do rico cujos negócios pioraram consideravelmente, não eram as suas riquezas as culpadas, mas suas atitudes.

Sermão 15A, 5

29 Março

Senhor, permite que Te peçamos, que Te busquemos, que batamos à Tua porta.

Confissões XIII, 38, 53

LAVAR OS PECADOS POR MEIO DAS BOAS OBRAS

Pede, busca, bate; e tu receberás, tu encontrarás; a porta se abrirá para ti. E não peças, busques e batas apenas com tua voz, mas também com tua moral. Faz boas obras, sem as quais certamente não terias motivos para viver.

Lava os teus pecados por meio das boas obras diárias. Nem mesmo os pecados leves devem ser considerados leves. Podem não ser nada grande demais, mas eles se acumulam e formam um monte. Não dês de ombros para eles.

Sermão 77B, 7

30
Março

Ajuda-nos, ó Deus, a lembrar o que carregamos em nossa fronte.

Sermão 160, 5

NÃO DEVEMOS TER NENHUM ORGULHO SENÃO A CRUZ

Este é um ensinamento cristão, a regra da humildade, a recomendação da humildade, de que não devemos ter nenhum orgulho senão a Cruz de nosso Senhor Jesus Cristo. Afinal, não há nada especial em se orgulhar da sabedoria de Cristo; há algo muito especial em se orgulhar da Cruz de Cristo.

Não te envergonhes nem fiques constrangido pela Cruz de Cristo; é por isso que recebeste o sinal na fronte, como que ocupando o lugar da vergonha.

Sermão 160, 5

31 Março

Senhor, Tua semente é o derramamento do Teu sangue, o que nos cabe é o recebimento da Tua cruz.

Sermão 313D, 3

SEMEEMOS NOSSAS ALMAS NESTE TEMPO

Façamos o que estávamos cantando agora mesmo. Semeemos nossas almas neste tempo, como o milho no inverno, de modo que possamos colhê-las no tempo eterno, como o trigo no verão.

Foi desse modo que os santos mártires e todos os justos, labutando na terra, chorando, lançaram suas sementes. Esta vida, afinal, é cheia de lágrimas. Mas o que se segue? "Voltando, chegarão com exaltação, carregando o que lhe cabe."

Sermão 313D, 3

1 Abril

Ouve-me, ó Deus, através do remédio que cura, Aquele que foi suspenso no madeiro, a cura para as nossas feridas que está sentado à tua direita e intercede por nós.

Confissões IX, 13, 35

PERDOA COMO EU PERDOO

Os termos foram estabelecidos, as regras, fixadas: "Perdoa como Eu perdoo." Desse modo, Ele não perdoará a menos que tu perdoes. "Perdoa como eu perdoo." Tu queres o perdão quando o buscas; perdoa todo aquele que o busca em ti.

Esta oração foi ditada pela lei celestial: "Perdoa como fomos perdoados." E faz o que dizes. Se mentires em tuas orações, não obterás nenhum benefício.

Sermão 114, 5

2 Abril

Na Cruz, Senhor, demonstraste a queda de nosso antigo ser.

Sermão 231, 2

JESUS VEIO PARA MORRER

Aquele que a Virgem concebeu sem lascívia, Aquele que ela deu à luz sendo virgem e assim tendo permanecido, Aquele que viveu sem culpa, Aquele que não morreu por qualquer culpa, Aquele que compartilhou de nossa punição, mas não compartilhou a culpa: o Senhor Jesus veio para morrer; Ele não veio para cometer pecados.

Ao compartilhar de nossa punição sem qualquer culpa, Ele nos libertou tanto da culpa quanto da punição.

Sermão 231, 2

3 Abril

Tu ressuscitaste, Senhor, para demonstrar na Tua vida a novidade da nossa.

Sermão 231, 2

CRISTO RESSUSCITOU ASSIM COMO MORREU

Por que, ao louvar o meu Senhor, desejas derrubar a fé que o meu Senhor construiu em mim? O resultado de ter assumido a forma de servo foi a morte d'Ele, mas Ele ressuscitou assim como morreu.

Assim, não preciso de nem um pouco de desespero a respeito da ressurreição de um servo, pois foi na forma de servo que o Senhor ressuscitou.

Sermão 361, 17

4 Abril

Fortalece-me, Senhor, e meu coração permanecerá fixo em Ti.

Salmos 85

NÃO OLHEMOS PARA TRÁS

Não olhemos para trás, para o que fomos antes que Cristo nos comprasse, para não ficarmos presos no caminho. Não olhemos para trás e, ao mesmo tempo, no entanto, guardemos a lembrança.

Se olharmos para trás, voltaremos ao que ficou; se o esquecermos, seremos ingratos. Então, é bom tanto lembrar o que fomos quanto odiá-lo; lembrar para agradecer, odiar para não voltar aos velhos modos.

Filipenses 3, 13-14

5 Abril

Que os vivos vivam verdadeiramente e que os mortos procurem ressuscitar sem demora.

Sermão 98, 7

FOI DEUS QUEM FEZ ISSO

Cristo ressuscitou; caso completo e encerrado. Ele foi corpo, Ele foi carne, a qual foi pendurada na Cruz, renunciou à alma, foi colocado no túmulo. Ele fez tudo isso vivo, vendo que estava vivendo aquilo.

Por que isso nos espanta? Por que não acreditamos? Foi Deus quem fez isso. Reflete sobre Aquele que trouxe isso à tona e eliminarás qualquer possibilidade de dúvida.

Sermão 242, 1

6 Abril

Considera esses amáveis e gloriosos símbolos das tuas promessas, Senhor, e faz-me novamente à Tua imagem e semelhança.

Solilóquios II, 3

NÃO DESMORONES SOB A TUA CRUZ

O que significa "carregar tua cruz"? Que suportes qualquer que seja o fardo. Vê, quando começardes a me seguir em seu modo de vida e ao guardar os meus mandamentos, descobrireis muitos falando contra eles, muitos dizendo que parem, muitos tentando dissuadi-los; e, entre eles, aparentes companheiros de Cristo.

Se quiseres segui-Lo, dirige-te à tua cruz; suporta-a, carrega-a, não desmorones sob ela.

Sermão 96, 4

7 Abril

Peço a vida eterna. Ouve-me, pois é à Tua própria mão direita que peço.

Salmos 59

AGARRA-TE À MORTE DE CRISTO COMO TUA GARANTIA

Deseja e anseia pela vida de Cristo que te foi garantida e, até chegar lá, agarra-te à morte de Cristo como tua garantia.

Ele não poderia, afinal, ter-nos dado garantia maior quando prometeu que viveria conosco do que morrendo por nós. "Eu tomei sobre mim", Ele diz, "vossas iniquidades. Eu não vos daria em troca as minhas coisas boas?".

Sermão 334, 2

8 Abril

Tu, Senhor Jesus Cristo, trouxeste a Divindade contigo, mas levaste a mortalidade por nós.

Sermão 361, 16

UMA COISA É CAIR, OUTRA É DESCER; JESUS DESCEU ATÉ NÓS

A morte em nosso Senhor era um sinal do pecado alheio, não uma penalidade por um pecado que fosse d'Ele. Em todos os outros seres humanos, no entanto, a morte é uma pena para o pecado; tem a mesma origem do pecado do qual todos viemos: da queda daquele homem, não da descida dele.

Isto é, uma coisa é cair, outra é descer. Um caiu da maldade, o outro desceu da bondade.

Sermão 361, 16

9 Abril

Que possamos viver uma boa vida, Senhor,
para que possamos ressuscitar.

Sermão 231, 3

MORRE A FIM DE NÃO MORRER

Se nós vivemos uma boa vida, é porque morremos e ressuscitamos. Mas qualquer um que não tenha morrido e ressuscitado ainda vive uma má vida. Quem vive uma má vida não está, de fato, vivo.

Então que morram para não morrerem. Como assim, que morram para não morrerem? Que mudem seu caminho para não serem condenados.

Sermão 231, 3

10 Abril

Regozijemos em verdade, ó Deus, não em iniquidade.

Sermão 171, 5

ELE NOS ACEITOU, EMBORA TENHA REJEITADO A SI MESMO

O único Filho de Deus fez muitos filhos e filhas de Deus. Ele próprio comprou irmãos e irmãs com Seu Sangue; Ele nos aceitou, embora tenha rejeitado a Si mesmo; Ele nos redimiu, embora tenha Se vendido; Ele nos honrou, embora tenha Se desonrado; Ele nos deu a vida, embora tenha Se sacrificado.

Poderias duvidar que Ele te dará coisas boas, uma vez que não Se recusou a tomar para Si as tuas coisas más?

Sermão 171, 5

11 Abril

Como nos amaste, ó Pai bondoso, que não poupaste o Teu único Filho, mas O entregaste por nós, pecadores! Como nos amaste a nós, a favor dos quais Ele, não considerando rapina o ser igual a Ti, se fez obediente até à morte de cruz.

Confissões X, 68

PECADOS OBLITERADOS NO BATISMO

Pensai em vós mesmos como resgatados do Egito, libertos da dura escravidão, na qual a iniquidade era vosso mestre; pensai em vós mesmos como se tivésseis atravessado o Mar Vermelho através do batismo, que foi marcado pela Cruz de Cristo ensanguentada.

Assim como para os inimigos que vos perseguem pelas costas: considerai-os como vossos pecados passados, porque, assim como os egípcios pereceram quando o povo de Deus atravessou, vossos pecados também foram obliterados quando fostes batizados.

Sermão 260B, 1

12 Abril

Enche-nos, Senhor, com Teu Espírito Santo.

Sermão 225, 4

ENCHE-TE DO ESPÍRITO SANTO

O Espírito Santo acabou de começar a viver em ti; não O deixes sair, não O silencies em teu coração. Ele é um bom convidado: Ele te encontrou vazio e te preenche; Ele te encontrou faminto e te alimenta; e Ele te encontrou com sede e te embriagou.

Permite que Ele te embriague, pois o apóstolo diz "Não vos embriagueis em vinho, que leva a todo tipo de devassidão" e nos ensina no que deveríamos nos embriagar: "mas enchei-vos do Espírito Santo".

Sermão 225, 4

13 Abril

Senhor, nós acreditamos que Cristo
é igualmente Homem e Deus.

Sermão 258, 3

ACREDITA

Diz nosso Senhor: "Vem, toca e acredita. Tu disseste: 'A menos que eu toque, a menos que eu encoste meu dedo n'Ele, eu não acreditarei'. Vem, toca, 'encosta teus dedos e não sejas incrédulo, mas acredita'. Vem, encosta teu dedo. Eu sabia das tuas feridas, Eu conservei as minhas cicatrizes especialmente para ti."

Sermão 258, 3

14 Abril

Senhor, eu acredito em Cristo ressuscitado dos mortos.

Sermão 234, 2

AQUELE QUE RESSUSCITOU

Acreditemos no Cristo crucificado, mas acreditemos n'Ele como Aquele que ressuscitou ao terceiro dia. Essa é a fé que nos distingue. Essa é a salvação, o bem-estar, a segurança e a integridade. Todo aquele que acreditar e for batizado será salvo.

Eu sei que tu acreditas; tu serás salvo. Guarda isso firme em teu coração, professa isso com teus lábios: Cristo ressuscitou dos mortos.

Sermão 234, 3

15 Abril

Ó Senhor meu Deus, Tu és Tua própria alegria eterna, e ao Teu redor os céus se alegram eternamente em Ti.

Confissões VIII, 3, 8

A ALEGRIA NO MUNDO

O que é a alegria no mundo? Alegrar-se na iniquidade, alegrar-se na infâmia, alegrar-se no que é desonroso, alegrar-se no que é vil. Essas todas são coisas nas quais o mundo se alegra. E nenhuma delas existiria se as pessoas não quisessem. Há coisas que as pessoas fazem, e coisas que são feitas a elas. Elas resistem mesmo que não gostem delas.

Então, o que é este mundo, e o que é a alegria deste mundo? O que o mundo aprecia é a vilania que ninguém pune.

Sermão 171, 4

16 Abril

Senhor, que sejamos incendiados pelo fogo da caridade.

Sermão 234, 2

A CHAMA DO AMOR BUSCA O ALTO

Quaisquer que sejam as vexações que tu sofras na terra, por mais que o inimigo possa humilhar o coração dos cristãos e oprimi-lo, a chama do amor busca o alto.

Aqui está uma comparação para ti. Se segurares uma tocha acesa, segurando-a com a cabeça para cima, a chama, como se fosse cabelo, subirá do alto em direção ao céu; abaixa a tocha, e a chama continuará subindo para o alto; ao virar a tocha de ponta-cabeça, a chama será direcionada para o chão? Não importa para onde a tocha está virada, a chama sabe que não há outro caminho senão buscar o céu.

Sermão 234, 3

17 Abril

Ó luz que profere a verdade, trago a ti meu coração para que ele não me distraia com pensamentos vazios.

Confissões XIII, 6, 7

ELEVAI O CORAÇÃO

Toda a vida dos verdadeiros cristãos é uma questão de "elevar o coração". O que significa "elevar o coração"? Significa esperar em Deus, não em vós mesmos. Afinal, estais embaixo, e Deus está em cima; se depositais vossa esperança em vós mesmos, vosso coração está embaixo, não em cima.

É por isso que, quando ouvis "Elevai o vosso coração" do sumo sacerdote, vós respondeis: "Elevamos nosso coração para o Senhor". Tentai com todas as vossas forças fazerdes dessa resposta uma verdade.

Sermão 229, 3

18
Abril

Que eu não seja minha própria vida!
Em Ti começo a viver de novo.

Confissões XII, 10, 10

A VIDA DENTRO DE VÓS

Agora que vossos corações estão cobertos de uma consciência pura e que vossos corpos estão lavados em água pura, "aproximai-vos de Cristo e sede iluminados, e vossas faces não corarão de vergonha".

Se receberdes isso com dignidade, isto é, pertencerdes a essa nova aliança sob a qual esperais por uma herança eterna, e se guardardes o novo mandamento de amar ao próximo, tereis vida dentro de vós.

Sermão 228B, 3

19 Abril

Ajuda-me, Senhor, a ser o tipo de pessoa
que o outro gostaria de imitar.

Sermão 228, 2

ELEGEI ALGUÉM PARA IMITAR

Elegei alguém para imitar e não deixeis que uma pequena voz vos diga: "Onde encontraremos tais pessoas?" Sede vós mesmos essas pessoas e encontrareis tais pessoas.

Os semelhantes sempre se atraem. Se viverdes um tipo de vida abandonado, apenas pessoas abandonadas se apegarão a vós. Começai a viver uma boa vida e vereis quantas pessoas estarão ao vosso redor.

Sermão 228, 2

20 Abril

Por que postergas ouvir Aquele que te chama? Percebe que teu atraso pode afastar-te das promessas d'Ele!

Sermão 87, 7

CORRAMOS NOS PASSOS DO SENHOR

Nós vos instruímos com sermões; cabe a vós progredir em vossa conduta. Nós espalhamos as sementes da palavra; cabe a vós produzirdes a safra da fé.

Corramos todos nos passos do Senhor, de acordo com a vocação que Ele deu a cada um de nós; nenhum de nós deve olhar para trás. A verdade, vede, que não pode ser enganada nem enganar, adverte-nos: "Ninguém que coloque a mão no arado e olhe para trás está apto para o reino dos céus."

Sermão 216, 1

21 Abril

Ó Deus, Tu lançaste a luz da salvação sobre a minha face.

Confissões X, 23, 33

O SENHOR OLHOU PARA ELE

Lê o Evangelho. O Senhor estava sendo testado no interior da casa; Pedro estava sendo testado no pátio. Então, "o Senhor olhou para ele", não por seu corpo, mas por sua Divina Majestade; não com um olhar de seus olhos do corpo, mas com Sua soberana misericórdia.

Tendo virado seu rosto, olhou para Pedro, e este se libertou. Assim, aquele que era seguro de si teria perecido se o Redentor não tivesse olhado para ele.

Sermão 284, 6

22 Abril

Senhor, carregamos Teu nome em nossa fronte.

Sermão 259, 1

A VIDA ALÉM

Eu vos exorto e imploro, no nome do Senhor Jesus Cristo, através de quem nossos pecados foram perdoados, que escolheu que Seu Sangue seria nosso preço, que houve por bem nos tornar Seus irmãos e irmãs, embora sejamos indignos até mesmo de sermos chamados Seus escravos.

Eu vos imploro que dirigi todos os vossos pensamentos — é por isso que sois cristãos, é por isso que carregais Seu nome em vossa fronte — para nada além da vida que teremos com os anjos, onde haverá paz perpétua, felicidade duradoura, gozo infalível, nenhuma perturbação, nenhuma tristeza, nenhuma morte.

Sermão 259, 1

23 Abril

Tu morreste, Senhor, na carne que assumiste, não na Divindade na qual permaneceste.

Sermão 242A, 1

RESSUSCITAR

Volta para o Verbo; volta para o "No início era o Verbo, e o Verbo estava com Deus, e o Verbo era Deus" e pensa no significado da ressurreição d'Ele. Tendo ressuscitado Sua própria carne, Ele também ressuscitará a tua.

Vê, o motivo por que Ele quis ressuscitar Sua própria carne foi impedir que deixasses de acreditar que a tua também ressuscitaria.

Sermão 242A, 1

24
Abril

Senhor, Tu nos mostra o que podemos esperar.

Sermão 229H, 3

TU PODES VIVER, DESDE QUE VIVAS

Tu podes viver, desde que vivas, isto é: tu podes viver para sempre, desde que vivas uma boa vida. Não tenhas medo de morrer em uma morte ruim; tem medo, sim, mas de viver uma vida ruim.

Que perversidade surpreendente! Todos temem aquilo de que ninguém pode escapar e não fazem o que certamente podem fazer. Para evitar morrer, podes não fazer nada; para viver uma boa vida, isto podes fazer. Faz o que podes fazer e não terás nenhuma razão para temeres o que não podes.

Sermão 229H, 3

25 Abril

Senhor, ajuda-nos a escolher nosso lugar com as boas obras.

Sermão 229D, 1

CRISTO RESSUSCITOU; VIVAMOS PARA DEUS

Cristo sofreu; morramos para o pecado. Cristo ressuscitou; vivamos para Deus. Cristo passou deste mundo para o Pai; não deixemos nosso coração preso aqui embaixo, mas sigamos para os reinos do alto.

Nossa cabeça foi suspensa no madeiro; crucifiquemos a lascívia da carne. Ele jazia no túmulo; enterrados com Ele, esqueçamos o passado. Ele está assentado nos céus; transfiramos nossos desejos para as realidades sublimes.

Sermão 229D, 1

26 Abril

Que nossas mentes, ó Deus, estejam cheias de fé na Ressurreição.

Sermão 242A, 3

FÉ NA RESSURREIÇÃO

Desde o início, através do homem que pecou, recebemos essa herança vil de nosso pai pecador. Mas veio até nós outra herança, a herança do Homem que tomou nossa herança para Si e nos prometeu a d'Ele.

Estávamos em posse da morte através da culpa; Ele tomou a morte para Si sem culpa. Embora não fosse devedor, Ele foi condenado à morte e apagou as contas dos devedores. Desse modo, que todos vós permitais que vossas mentes estejam cheias de fé na Ressurreição.

Sermão 229H, 1

27 Abril

Tu, Senhor, fizeste-Te presente no partir do pão.

Sermão 235, 3

PARTIMOS O PÃO E RECONHECEMOS O SENHOR

Onde o Senhor desejou ser reconhecido [na história de Emaús]? No partir do pão. Estávamos todos bem, nada com o que se preocupar; partimos o pão e reconhecemos o Senhor.

Se fores um cristão, qualquer um entre vós, se não és chamado de cristão sem motivo, se não vieste à igreja sem motivo, se ouves a palavra de Deus em temor e em esperança, podes te consolar no partir do pão. A ausência do Senhor não é uma ausência. Tem fé, e Aquele que não consegues ver estará ao teu lado.

Sermão 235, 3

28
Abril

Tu, ó Cristo, ofereceste-Te aos olhos deles para ser visto, mas também às mãos deles para ser tocado e sentido.

Sermão 242, 12

ACREDITEMOS NA CABEÇA

Os apóstolos podiam ver Cristo presente, mas não puderam ver Cristo disseminado em todo o mundo. Eles podiam ver a Cabeça; mas podiam apenas acreditar no Corpo.

Temos a nossa oportunidade; temos a graça dos tempos que nos foram concedidos para acreditar pela dispensa de Deus. Os apóstolos podiam ver a Cabeça e só podiam acreditar no Corpo; nós podemos ver o Corpo; acreditemos na Cabeça.

Sermão 242, 12

29 Abril

Ó meu Senhor, Tu nunca deixarás de ser o centro de meus cânticos e de meus louvores.

Solilóquios IV, 3

PARA SEMPRE E SEMPRE

Estamos chegando à casa de Deus no céu. Lá louvaremos a Deus, não por cinquenta dias, mas, como está escrito, "para sempre e sempre".

Veremos, amaremos, louvaremos. Nossa visão não terá fim, nosso amor não esfriará nem nosso louvor silenciará. Tudo será eterno, infinito. Louvemos a Ele, não apenas com a nossa voz, mas também com nosso comportamento.

Sermão 254, 8

30
Abril

De Ti, Senhor, derivam nossas vestimentas de luz.

Confissões XIII, 8, 9

A MARCA DISTINTIVA DA NOSSA FÉ

A Ressurreição do Senhor Jesus Cristo é a marca distintiva da fé cristã. Muitas pessoas, tanto as alheias a nós como as ímpias, acreditaram que o Senhor Jesus nasceu como ser humano, de um ser humano.

Embora essas pessoas não soubessem que Ele nasceu de uma virgem, ainda assim amigos e inimigos acreditaram que Cristo nasceu como homem; tanto amigos como inimigos acreditaram que Cristo foi crucificado e morto; mas que Ele ressuscitou, apenas seus amigos souberam.

Sermão 229H, 1

1 Maio

Não podemos esperar Te ter como um Pai de graça se negligenciarmos a Igreja como nossa mãe.

Sermão 255A, 2

IRMÃOS E IRMÃS DE CRISTO

Amai ao Senhor, pois Ele vos ama; visitai frequentemente a mãe que vos deu à luz. Considerai o que essa mãe vos conferiu, unindo criaturas ao Criador, transformando escravos em filhos de Deus, transformando os sequazes do diabo em irmãos e irmãs de Cristo.

Vós não vos mostrareis ingratos por esses imensos benefícios recebidos dela se lhe mostrardes a apropriada consideração de vossa presença.

Sermão 255A, 2

2 Maio

Mas eu, meu Deus e minha glória, também por isto entoo um hino e ofereço um sacrifício de louvor a Ti.

Confissões X, 53

DEUS FEZ-SE HOMEM

O Senhor Jesus, Filho unigênito do Pai e coeterno com o Criador, igualmente invisível, igualmente imutável, igualmente onipotente, igualmente Deus, fez-se Homem, como sabes, como recebeste, como acreditas firmemente, e pelo nosso bem assumiu uma forma humana sem perder a Divindade, Seu poder ocultado, Sua fraqueza manifestada.

Ele nasceu para que pudéssemos nascer de novo; Ele morreu para que pudéssemos não morrer para sempre.

Sermão 262, 1

3 Maio

Tu és nosso Deus que não morre, pois não há nada mais que possa Te suplantar.

Confissões IV, 11, 17

O QUE É A PAZ?

O que é a paz? Ouve o apóstolo. Ele falou a respeito de Cristo: "Ele é a nossa paz, Aquele que tornou ambos em um." Então, a paz é Cristo. O resultado? "Ele foi crucificado e sepultado, Ele ressuscitou dos mortos, Ele ascendeu aos céus." Agora sabes onde está a paz.

"Como posso segui-la?" Eleva teu coração. Ouve como podes segui-la: a cada dia, escuta isto brevemente quando te dizem "Eleva teu coração".

Sermão 25, 7

4 Maio

Não pertencemos a nós mesmos, Senhor; todos pertencemos a Ti, que derramou Teu sangue como preço por nós.

Sermão 260D, 2

O SENHOR TE FEZ

Entende que tu és "dia", que o Senhor te fez. Ele expulsou a escuridão do pecado de teu coração e fez de tua vida algo novo.

Hoje tu entrarás para o Povo de Deus e serás contado no meio dele. Escolhe aqueles que vais imitar; não escolhas pessoas abandonadas, com as quais tu te perderias e perecerias.

Sermão 260D, 2

5 Maio

Quão alto e glorioso Tu és, ó Deus, Tu que fizeste dos corações humildes Teu lar.

Confissões XI, 31, 41

O PASSADO E O PRESENTE

Qual horror incomum a raça humana precisa suportar agora, que nossos ancestrais não tenham suportado? Ou quando teremos que suportar as coisas que sabemos que eles suportaram?

E tu encontrarás pessoas murmurando sobre o presente, dizendo que boa era a época de nossos pais. Supõe, no entanto, que essas pessoas fossem transportadas de volta para o tempo de teus pais: mesmo lá elas continuariam murmurando.

Sermão 346C, 1

6 Maio

Senhor, depois desta época e depois de nosso trabalho, encontraremos plenitude incessante em aleluia.

Sermão 252, 9

ALELUIA É LOUVAR A DEUS

Aleluia é louvor a Deus. Assim, a atividade de nosso descanso é indicada a nós enquanto ainda estamos trabalhando duro. Quando chegarmos a esse descanso após esse nosso trabalho, nossa única tarefa será louvar a Deus; nossa atividade lá consiste em aleluia. O que aleluia significa? "Louvar a Deus." Que digamos isso o máximo que pudermos, de modo que mereçamos dizê-lo sempre.

Sermão 252, 9

7 Maio

Quão alto Tu estás nas alturas do céu, quão profundo nas profundezas. De nenhum lugar Tu te ausentas.

Confissões VIII, 3, 8

FÉ

As pessoas ouvem "Acredita" e querem ver. A resposta que obtêm é "Para veres por fim, acredita por enquanto". A fé produz o ganho; a visão é a recompensa. Se quiseres ver antes de acreditar, estarás pedindo para ser pago antes de executar o trabalho.

"O que queres tem seu preço. Tu queres ver Deus; o preço de tão tremendo bem é a fé."

Sermão 359A, 3

8 Maio

Senhor, ficarei satisfeito quando a Tua glória for revelada.

Sermão 231, 2

ALEGRIA NA ESPERANÇA

É em esperança que cantamos aleluia. Apenas vê que alegria existe na esperança. Como será, então, a realidade? Queres saber com o que ela se parecerá? Ouve o que vem a seguir: "Que se embriaguem na fartura da Tua casa". É nisso que consiste a esperança da realidade.

Temos sede, temos fome; é isso que deve ser satisfeito; mas temos fome no caminho e ficaremos satisfeitos quando chegarmos em casa. Então, quando ficaremos satisfeitos? "Ficarei satisfeito quando a Tua glória for revelada."

Sermão 231, 2

9 Maio

Tu, ó Jesus, és a Fonte da Vida.

Sermão 231, 2

A NOVA VIDA DOS QUE ACREDITAM EM JESUS

A Ressurreição de nosso Senhor Jesus Cristo é a nova vida daqueles que acreditam em Jesus. E esse é o significado misterioso de Sua Paixão e Ressurreição que certamente deves conhecer e segundo a qual deves viver.

Afinal, não foi sem motivo que a vida veio à morte, não foi sem motivo que a "Fonte da Vida", da qual se bebe para viver, bebeu o cálice que não lhe era devido.

Sermão 231, 2

10 Maio

Que possamos receber o rico convidado, ó Senhor, e que Ele não seja um desses convidados passageiros.

Sermão 169, 15

RECEBE ESTE RICO CONVIDADO

Ignora teu próprio espírito e recebe o Espírito de Deus. Não deixes teu espírito temer que, quando o Espírito de Deus fizer morada em ti, seja deixado em um canto do teu corpo. Quando o Espírito de Deus faz morada no teu corpo, não expulsa teu espírito; não te preocupes.

"O que devo fazer?", tu perguntas. "Para onde devo ir, que rumo devo tomar?" Recebe esse rico convidado, o Espírito de Deus. Teu espaço será ampliado, não estreitado.

Sermão 169, 15

11 Maio

Ajuda-nos, Senhor, a progredir em depositar nossa esperança no futuro.

Sermão 97A, 4

DEPOSITA FÉ NO FUTURO

Quando tu fores renovado, por meio do perdão dos teus pecados, todos os do passado tendo sido perdoados, se receberes uma grande extensão de vida, vive de modo que as boas obras acompanhem a tua fé. Vive conforme o que te tornaste: um filho na família do tão grande Pai e Chefe de Família, alguém sobre quem o Nome de Deus é invocado.

Vive desse modo; progride. Não te amoles com o presente; deposita tua fé no futuro. Deixa as coisas temporárias perderem o valor para ti, e as realidades eternas crescerão em importância.

Sermão 97A, 4

12 Maio

Ó, que a Verdade, a luz do meu coração, não a minha própria escuridão, fale comigo! Mas mesmo dali eu Te amei, eu me perdi e me lembrei de Ti.

Confissões XII, 10

PREGANDO QUE UM HOMEM MORTO RESSUSCITOU

Um homem [Pedro] iria morrer para que outro pudesse ser honrado, ser morto para que outro fosse louvado. Ele teria feito isso se não tivesse ardido em amor e, depois, convencido-se da verdade?

Os apóstolos viram o que proclamavam. Teriam se disposto a morrer por algo que não tivessem visto? Teriam negado o que viram? Eles não negaram; pregaram sobre um homem morto que sabiam que estava vivo.

Sermão 311, 2

13 Maio

Meu bem é me agarrar a Ti, ó Deus.

Confissões VII, 11, 17

O SENHOR NÃO SE ENGANA

Sede como os grãos do trigo. Há montes de joio na eira, mas o momento da triagem chegará. O joio será separado, e nem um único feixe de joio entrará no celeiro convosco, e nem um único grão será queimado.

Aquele que foi capaz de reunir-vos sabe como separar-vos. Vós vos enganais se pensais que o Senhor pode se enganar!

Sermão 311, 2

14 Maio

Quão grande é a Tua glória, ó Cristo,
quando Tu ascendes aos céus.

Sermão 263, 3

ELE NÃO ESTARÁ AUSENTE SE ESTIVER GUARDADO NO CORAÇÃO

Se Cristo se apresentasse a nós agora, ficasse em pé bem diante de nós e não dissesse nada, como saberíamos que é Ele? Se Ele não dissesse nada, que bem haveria para nós? Não é melhor que Ele fale por meio do Evangelho, mesmo ausente, do que estar presente e não dizer nada?

Ainda assim, Ele não estará ausente se estiver guardado no coração. Acredita n'Ele, e o verás. Ele não está diante dos teus olhos; Ele possui o teu coração.

Sermão 263, 3

15 Maio

Louvemos ao Senhor com nossas vidas
e com nossas línguas.

Sermão 256, 1

Ó DITOSA ALEGRIA!

Ó ditosa aleluia no céu, onde os anjos são o templo de Deus! Ali, harmonia suprema reina em meio àqueles que louvam, pois não há ansiedade em seu canto exultante, pois não há "lei entre os membros lutando contra a lei da mente", não há cobiça agressiva que coloque em risco a vitória da caridade.

Aqui, então, cantemos aleluia enquanto ainda estamos ansiosos e preocupados, de modo que sejamos aptos a um dia cantar sem qualquer preocupação ou cuidado.

Sermão 256, 1

16
Maio

Ó Corpo de Cristo, ó Igreja santa, que todos os ossos clamem: "Senhor, quem é como Tu?"

Salmos 34, 14

COMUNHÃO COM A IGREJA

Tu estás em comunhão com aquela Igreja que está espalhada por todas as nações, começando a partir de Jerusalém? Se estás em comunhão com ela, então estás lá, estás na videira, não foste cortado fora.

Vê, ela é a videira que cresceu e encheu o mundo inteiro, o Corpo de Cristo, a Igreja de Cristo, cuja Cabeça está no céu.

Sermão 162A, 10

17 Maio

Que possamos ser encontrados em Ti, Senhor,
pois em nós mesmos nos perdemos.

O sermão do Senhor na montanha 55, 3

QUE SEJAMOS ENCONTRADOS JUNTOS EM CRISTO

Estar perdido era o comum para todos nós; que também seja o comum sermos encontrados. Todos nos perdemos juntos; que sejamos encontrados juntos em Cristo. O que merecemos é muito diferente, mas a graça que nos foi ofertada é a mesma para todos nós.

A graça de Deus anula o que acordaste; ela anula o que acrescentaste. "Pois onde abundou o pecado, superabundou a graça."

Sermão 115, 4

18 Maio

Em meio às provas e tentações desta vida, que por meio de nós e dos outros aleluia seja dada.

Sermão 256, 3

DEUS FARÁ UMA SAÍDA

Tu foste posto à prova, mas Deus também fará uma saída para que não pereças na tentação; assim, como um vaso do oleiro, podes ser moldado pela pregação, cozido pela tribulação.

Mas, quando fores posto à prova, tem a saída em mente; pois Deus é fiel, e "Deus tomará conta da tua entrada e da tua saída".

Sermão 256, 3

19 Maio

Tu nos ensinaste, ó Senhor: o verdadeiro amante da paz também ama seus inimigos.

Sermão 357, 1

AMA A PAZ

Ama a paz e pede paz ao Senhor. Que a paz seja nossa amada e nossa amante, e que nossos corações sejam a cama casta que compartilhamos com ela.

É mais difícil louvar a paz que a possuir. Se quisermos louvá-la, temos que mobilizar nossos poderes, reunir ideias, pesar nossas palavras; mas, se quisermos possuí-la, podemos fazê-lo sem o menor esforço.

Sermão 357, 1

20 Maio

Esses dias felizes após a Ressurreição permanecem na vida futura, onde reinaremos Contigo, ó Senhor.

Sermão 243, 8

ALELUIA

A vida representada pelos quarenta dias que antecedem a Páscoa é a vida que temos agora; a vida representada pelos cinquenta dias que sucedem a Ressurreição do Senhor não é a vida que temos agora, mas a vida que esperamos e, por ser esperada, é também amada.

E, por esse mesmo amor, o Deus que prometeu todas essas coisas é louvado, e tais louvores são o que "aleluia" é.

Sermão 243, 8

21 Maio

Quando finalmente chegarmos a Ti, ó Senhor, colocaremos fim à fé, fim à esperança.

Sermão 256, 1

A FÉ É A CONVICÇÃO DAQUILO QUE NÃO PODE SER VISTO

O amor desperta a esperança, e a esperança brilha através do amor. Mas, quando atingirmos as coisas pelas quais esperamos enquanto acreditávamos nelas sem as ver, que fé haverá para ser louvada?

Considerando que a "fé é a convicção daquilo que não pode ser visto", quando virmos, ela não será mais chamada fé. Afinal, estareis vendo, e não acreditando.

Sermão 359A, 5

22 Maio

Acredita no que foi dito, e uma grande calma tomará teu coração.

Sermão 163B, 6

DESPERTA CRISTO, DESPERTA TUA FÉ

Quando Cristo adormece em teu coração, senão quando esqueces tua fé? A fé em Cristo dentro de teu coração é como Cristo dentro do barco. Ouves histórias desagradáveis a teu respeito, perdes o ânimo, ficas aborrecido. Cristo adormeceu.

Desperta Cristo, desperta tua fé. Tens algo a fazer mesmo quando estás aborrecido; provoca tua fé. Permite que Cristo desperte e fale contigo.

Sermão 163B, 6

23 Maio

Em Sua amável bondade somos justos; em nossa iniquidade somos pecadores.

Sermão 100, 4

GRAÇA CONCEDIDA DE GRAÇA

Se te apoias em tuas obras, segue-se que estás recebendo uma recompensa em pagamento, e não sendo presenteado com uma graça. Mas, se for uma graça, ela é dada gratuitamente, sem custo.

Agora eu te pergunto: acreditas em Cristo, pecador? Tu respondes: "Acredito." No que acreditas? Que todos os teus pecados podem ser perdoados por meio d'Ele, de graça? Já tens aquilo em que acreditas. Ó, graça concedida de graça!

Sermão 100, 4

24 Maio

Permite-me cantar minhas canções de amor a Ti, lembrando de Jerusalém e elevando meu coração.

Confissões XII, 16, 23

UMA JERUSALÉM

Há uma Jerusalém que o apóstolo diz que está no céu; sim, há uma Jerusalém no alto que "é a mãe de todos nós". Ele a chama de mãe, como uma metrópole; metrópole, vê, significa "cidade mãe".

Então é para ela que devemos nos apressar, sabendo que ainda estamos distantes, mas no caminho.

Sermão 346B, 1

25 Maio

Em Ti, Senhor, caminhamos juntos pelo que acreditamos, e não pelo que vemos.

Sermão 362, 4

PERMANECER EM CRISTO ENQUANTO DEUS

Nesta vida, ainda erramos em exílios, ainda suspiramos na fé por não sei qual tipo de pátria. E por que "não sei qual tipo de pátria", visto que somos seus cidadãos, senão porque, ao errarmos "em uma pátria distante", esquecemos nossa verdadeira pátria natal?

Essa amnésia é expulsa de nossos corações pelo Senhor Jesus, Rei dessa pátria, quando Ele vem ao nosso encontro no exílio; e, ao assumir a carne, Sua Divindade se torna um caminho para nós, de modo que possamos atravessá-lo por meio de Cristo enquanto Homem e permanecer em Cristo enquanto Deus.

Sermão 362, 4

26
Maio

Tu virás publicamente, Senhor, para julgar.

Sermão 263, 1

NOSSO SENHOR E SALVADOR VIRÁ PUBLICAMENTE

A glorificação de nosso Senhor Jesus Cristo foi consumada por Sua ressurreição e ascensão ao céu. A razão para Ele ter ressuscitado foi nos mostrar um exemplo de ressurreição, e a razão para ele ter ascendido foi nos proteger do alto.

Então, primeiro tivemos nosso Senhor e Salvador Jesus Cristo pendurado no madeiro, e agora assentado no céu. Ele pagou nosso preço quando estava pendurado no madeiro; Ele tem recolhido o que comprou enquanto está assentado no céu.

Sermão 263, 1

27 Maio

Senhor, que possamos tocar-Te em fé.

Sermão 229L, 2

QUE POSSAMOS TOCÁ-LO EM FÉ

Que Cristo ascenda por nós e que possamos tocá-Lo, o que faremos se acreditarmos n'Ele: que Ele é o Filho de Deus, eterno, coeterno, não desde o tempo em que nasceu da Virgem, mas eterno. E nós também, afinal, Ele nos tornará eternos.

Acredita nisso e assim serás tocado. Toca assim para te agarrares a Ele. Toca assim para nunca mais separar-te d'Ele, mas continuar com Ele na grandeza da Sua Divindade, que morreu por nós na fraqueza da Sua Humanidade.

Sermão 229L, 2

28 Maio

Tu, ó Cristo, esvaziaste-Te, não perdendo a forma de Deus, mas assumindo a forma de servo.

Sermão 212, 1

DEUS É A VIDA DOS VIVOS

Pela forma de servo, o Criador das coisas visíveis e invisíveis "ascendeu ao céu", de onde Ele nunca partiu; por essa forma de servo "Ele está assentado à direita do Pai", cujo braço Ele é.

Nessa forma de servo, Ele virá julgar os vivos e os mortos, a forma que Ele escolheu compartilhar com os mortos, embora Ele seja a vida dos vivos.

Sermão 212, 1

29 Maio

Que meu coração e minha língua louvem a Ti.

Confissões IX, 1, 1

TU ÉS LOUVOR A DEUS

Tu queres cantar sobre teu amado. Pedes louvores a Ele para cantar. Disseram-te: "Canta uma nova canção para o Senhor." Estás buscando canções de louvores, não estás? "Este louvor é a Igreja dos Santos." O louvor a Ele que deve ser cantado são aqueles que cantam.

Queres cantar louvores a Deus? Sê aquilo que cantas. Serás um louvor a Deus se levares uma boa vida.

Sermão 34, 6

30 Maio

Que a misericórdia triunfe sobre o julgamento, pois Tu, cujas declarações são verdadeiras, aos misericordiosos prometeste misericórdia.

Confissões IX, 13, 55

DEMONSTRA MISERICÓRDIA

Sempre há um remédio disponível para ser aplicado às feridas que são praticamente diárias; o remédio consiste em boas obras de misericórdia.

Quero dizer, se desejas obter a misericórdia de Deus, sê tu mesmo misericordioso. Se te recusares a demonstrar humanidade a um ser humano, embora tu mesmo sejas humano, Deus te recusará a Divindade, isto é, a imortalidade imperecível por meio da qual Ele nos torna deuses.

Sermão 259, 3

31 Maio

Que todos amemos um ao outro do mesmo modo que amamos a Ti, nosso Deus, a Fonte da Verdade.

Confissões XII, 30, 41

UM AMOR, UM ESPÍRITO

Um amor e dois mandamentos; um Espírito e duas dádivas. Um não foi dado antes e outro depois; porque o amor que ama ao próximo não é diferente do amor que ama a Deus. Assim, não é outro amor.

Com o mesmo amor com o qual amamos ao nosso próximo, amemos também a Deus. Mas, porque Deus é uma coisa, e nosso próximo, outra, eles são amados com um amor e ainda assim não são a mesma coisa sendo amada.

Sermão 265, 9

1 Junho

Se amamos, corremos; e, quanto mais consistentemente amarmos, mais rapidamente correremos.

Sermão 346B, 2

AQUELES NO CAMINHO AINDA NÃO ESTÃO SEGUROS

Aqueles que ainda não tomaram a estrada certa correm grande perigo; mas, mesmo aqueles que já estão no caminho, sim, esses também não devem se considerar seguros.

Pois podem ser impedidos pelos prazeres da estrada em si, e não serem tão atraídos pelo amor, como deveriam, para a terra natal onde se encontra o verdadeiro descanso.

Sermão 346B, 2

2 Junho

Ajuda-nos a saber o que estamos dando,
mas também o que estamos recebendo.

Sermão 389, 3

O PÓ TORNA AO PÓ

Um homem pobre pode te perguntar: "Por que és tão presunçoso? Só porque me deste algo, a mim que sou um pobre mendigo? Um pedaço de pão. Se deixares esse pão em um canto da tua casa e o esqueceres, ele ficará embolorado, será comido pelos vermes e tornará ao pó; o pó torna ao pó.

"Tu, de fato, quando minha mão estava estendida para receber, estendeste a tua mão para dar; mas lembra-te do que tua mão foi feita e do que colocaste na minha: pó que veio do pó transformado em pó."

Sermão 389, 3

3 Junho

Diz-me, pois, Tu que reinas sobre a Tua criação, qual é o modo como ensinas às almas as coisas que hão-de vir?

Confissões XIX, 25

É UM MILAGRE RESSUSCITAR NA CARNE

Embora contivesse todas as coisas, Jesus foi concebido; embora tenha dado à luz todas as coisas, Ele nasceu; embora dê vida a todas as coisas, Ele morreu; mas após três dias Ele ressuscitou e ascendeu ao céu, colocando a carne humana que assumiu para Si à direita do Pai.

É um milagre um Homem poder ressuscitar na carne, mas é um milagre muito maior o mundo inteiro ter acreditado em algo tão inacreditável.

Sermão 272A

4 Junho

Permanece firme, ó Luz; ilumina meus olhos, de modo que possam receber algum brilho da Tua luz maravilhosa que Tu revelas no céu.

Solilóquios II, 4

QUEM NÃO IRIA QUERER SEGUIR A CRISTO?

O céu era muito, muito distante de nós antes que nossa Cabeça subisse ao céu. Agora, porém, que motivo teríamos para nos desesperar, se somos o corpo e os membros dessa Cabeça? Então é para lá que devemos segui-Lo.

Quem não iria querer segui-Lo para tal lar? Quem não iria querer seguir a Cristo até o lugar onde a felicidade total reina?

Sermão 96, 3

5 Junho

Nós pecamos e fomos procurados.
Graças sejam dadas a Ti!

Sermão 16A, 6

GRAÇAS A DEUS

Há apenas dois ditados: Deus e o próximo; Aquele que te criou e Aquele com quem Ele te criou. Ninguém te disse: "Ama o sol, ama a lua, ama a terra e tudo que foi criado."

Essas são coisas nas quais Deus deve ser louvado, o Criador a ser abençoado.

Sermão 16A, 6

6 Junho

Por meio do Teu fogo, Teu fogo beneficente, somos inflamados, pois estamos trilhando nosso caminho rumo ao alto.

Confissões XIII, 9, 10

SÊ UMA PARTE DELE

Se ninguém subiu, exceto Aquele que desceu, e Ele é o Filho do Homem, nosso Senhor Jesus, tu também queres subir? Sê uma parte d'Ele, com o restante de Seu Corpo, Aquele que é o único a ter subido.

Ele, a Cabeça, é uma pessoa, um homem. E, como ninguém pode subir a menos que tenha sido incorporado n'Ele como membro de Seu Corpo, verifica-se o que está escrito: "Ninguém subiu ao céu, exceto Aquele que desceu."

Sermão 91, 7

7 Junho

*Que Tu nos dês pão, Senhor, Tu que és
o pão que desceu do céu.*

Sermão 84, 5

DÁ-NOS PÃO

Diz o Senhor: "Recebi pão; pão darei. Recebi de beber; darei de beber. Recebi hospitalidade; darei um lar. Fui visitado na doença; darei saúde. Fui visitado na prisão; darei liberdade.

"O pão que deste aos meus pobres foi comido; o pão que Eu darei preenche e nunca falha."

Sermão 86, 5

8 Junho

Tu, Senhor, estiveste presente no partir do pão.

Sermão 235, 3

O PÃO É O CORPO DE CRISTO

O pão que podes ver no altar, santificado pela palavra de Deus, é o Corpo de Cristo. Aquele cálice, ou melhor, o conteúdo daquele cálice, santificado pela palavra de Deus, é o Sangue de Cristo. Foi por meio dessas coisas que o Senhor Jesus quis nos presentear com Seu Corpo e Seu Sangue, o qual Ele derramou pelo nosso bem para o perdão de nossos pecados.

Se os receberes bem, tu te tornarás aquilo que recebes: um pão, um corpo, embora sejamos muitos.

Sermão 227

9 Junho

Senhor, devemos mudar nosso coração,
elevar nosso coração e não permitir que
nosso coração faça morada aqui.

Salmos 39, 28

ELEVAI VOSSOS CORAÇÕES

Há seres humanos fiéis, cujo coração já se distingue no meio da multidão de descrentes, que estão sempre buscando a Deus, aqueles que ouvem "Elevai vossos corações", que estimam uma esperança totalmente diferente e que sabem que são "peregrinos e forasteiros" neste mundo.

Eles ocupam o meio-termo; não podem ser comparados nem com aquelas pessoas que pensam que a única coisa boa é desfrutar dos prazeres terrenos nem com aqueles sublimes habitantes do céu cujo prazer está no pão através do qual foram criados.

Sermão 400, 2

10
Junho

Ensina-nos, Senhor, que a veste do casamento
é o amor de um coração puro.

Sermão 90, 5

A VESTE DO CASAMENTO

Explica a veste do casamento, tu dirás. Não há nenhuma dúvida de que é uma veste que apenas os bons têm, aqueles que têm lugar no banquete, separados para o banquete ao qual nenhuma pessoa má tem acesso, que são trazidos por meio da graça do Senhor.

São esses que têm a veste do casamento.

Sermão 90, 5-6

11 Junho

Senhor, que possamos reconhecer no Pão o que foi suspenso na Cruz e, no Cálice, o que brotou do Teu lado.

Sermão 228B, 2

TENDE PLENA CONSCIÊNCIA DESSA GRAÇA

Cristo nosso Senhor, que ofereceu sofrendo por nós o que ao nascer havia recebido de nós, tornou-se nosso sumo sacerdote eterno e nos deu a ordem do sacrifício que podeis ver, do Seu Corpo, isto é, do Seu Sangue. Quando o Seu Corpo, lembrai, foi perfurado pela lança, derramou a água e o Sangue com os quais anulou os nossos pecados.

Tende plena consciência da graça enquanto trabalhais em vossa salvação, visto que é Deus quem trabalha em vós, aproximai-vos com temor e tremor para participar desse altar.

Sermão 228B, 2

12 Junho

Dá-me, ó Senhor, um profundo entendimento
da Tua sabedoria, para que meu amor
possa ser ardente, fiel e imutável.

Solilóquios I, 11

TEM A FÉ UNIDA COM O AMOR

Tem a fé unida com o amor, porque não é possível amar sem fé. Não estou pedindo que tenhas fé, mas amor. Pois não podes ter amor sem fé; quero dizer, é claro, o amor a Deus e ao próximo.

Como essas coisas poderiam existir sem fé? Como poderias amar a Deus se não acreditares em Deus?

Sermão 90, 8

13 Junho

Tu, Senhor, és luz e voz e aroma para nossos corações.

Sermão 28, 2

UM ALIMENTO QUE ATRAI A TODOS

Se buscas alimento porque estiveste em jejum, "bem-aventurados são aqueles que têm fome e sede de justiça". Mas está dito que o próprio Senhor Jesus Cristo se tornou para nós justiça e sabedoria. Aí tens o banquete que te foi providenciado.

Cristo é justiça; em nenhum lugar Ele está em falta; Ele não nos é fornecido por cozinheiros nem é importado por comerciantes do exterior como frutas exóticas. Ele é um alimento que atrai a todos.

Sermão 28, 2

14 Junho

Que um espírito fraterno ame em mim o que ensinas a amar e que lamente em mim o que ensinas a lamentar.

Confissões X, 4, 5

EU ERA UM ESTRANHO, E TU ME DEIXASTE ENTRAR

Aprende a deixar entrarem os estranhos como convidados onde Cristo pode ser reconhecido. Ou tu não sabes que, quando deixas qualquer cristão entrar, deixa-O entrar? Ele mesmo não disse "Eu era um estranho, e tu me deixaste entrar"?

E, quando Lhe perguntaram, "Senhor, quando foi que Te vimos como um estranho?", Ele respondeu: "Quando fizestes isso ao menor dos meus, fizestes a mim." Então, quando um cristão deixa um cristão entrar, membros servem a outros membros.

Sermão 236, 3

15 Junho

Tu, Senhor, o Perdoador de pecados, concede-nos perdão.

Sermão 97A, 2

NÃO TE PREOCUPES COM OS PECADOS PASSADOS, ELES SERÃO PERDOADOS

O melhor dos médicos começou a te curar, e para Ele nenhuma doença é incurável. Não tenhas medo de tuas maldades passadas, por mais horrendas e inacreditáveis que sejam. Elas são doenças graves, mas o Médico já as dominou.

Assim, não te preocupes com os pecados passados; em certo momento do Sacramento, eles serão perdoados, e absolutamente todos eles serão totalmente perdoados.

Sermão 97A, 2

16 Junho

O pão e o vinho, quando a palavra se aplica nisso, tornam-se o Corpo e o Sangue do Teu Filho, ó Deus.

Sermão 229, 1

TRANSFORMADO EM PEDAÇO DE PÃO DO SENHOR

Lembra-te, tu não existias; então foste criado, carregado até a eira do Senhor e separado pelo trabalho do rebanho, isto é, dos pregadores do Evangelho.

Quando, enquanto catecúmeno, foste contido, estavas sendo acomodado no celeiro. Deste teu nome e então passaste a ser moído por jejuns e exorcismos. Depois foste para a água, onde foste umedecido na farinha e transformado em uma massa. Com o calor do Espírito Santo, foste assado e transformado em um pedaço do pão do Senhor.

Sermão 229, 1

17 Junho

Que possamos carregar o fardo um do outro
e cumprir a lei de Cristo.

Sermão 91, 9

FAZER PELO OUTRO

Algumas pessoas têm muito dinheiro. Deixai que alimentem os pobres, vistam os nus, construam uma igreja e usem seu dinheiro para quaisquer bons propósitos que tenham. Outras pessoas têm o dom de aconselhar. Deixai que guiem o próximo, dispersando a escuridão da dúvida com a luz da fé amorosa.

Outros, ainda, têm a habilidade de ensinar. Deixai que façam a distribuição das despensas do Senhor, oferecendo comida aos seus companheiros, confirmando os fiéis, chamando de volta os que se desviaram, buscando os perdidos, o melhor que puderem.

Sermão 91, 9

18 Junho

Se te elevares a ti mesmo, Deus se afastará de ti; se te humilhares, Ele se aproximará.

Salmos 50, 21

FILHOS DE DEUS

Amai o que vós vos tornareis. Vós vos tornareis filhos de Deus e filhos e filhas por adoção. Isso vos será dado gratuitamente, concedido sem nenhum motivo, pelo prazer d'Ele.

Nisso sereis tão mais abundantes, rica e plenamente dotados, quanto mais agradáveis forem Àquele que vos deu tudo isso.

Sermão 216, 8

19 Junho

Em nossos corações, Senhor, mostramos quem somos diante de Ti.

Sermão 259, 4

GENTILEZA

Gentileza é o que deves praticar, pois os pecados são abundantes. Não há outro alívio, outro estranho caminho pelo qual possamos alcançar a Deus, pelo qual possamos nos tornar íntegros, reconciliarmo-nos com Ele, que foi tão gravemente ofendido.

Entraremos na presença d'Ele: que nossas obras falem por nós lá e que falem que superaram nossas ofensas. É o lado mais pesado que prevalecerá, tanto para a punição que merecemos pelos nossos pecados quanto para o alívio e descanso por nossas boas obras.

Sermão 259, 4

20 Junho

Tu, ó Deus, revelas-Te a todo aquele que ama a Ti, de acordo com a Tua vontade.

Confissões XII, 15, 19

A FÉ É UMA DÁDIVA DE DEUS

O marido é cristão, e a esposa, descrente. Ele não ora para que sua esposa venha a acreditar? A esposa é cristã, e o marido, descrente. A mulher religiosa não ora para que o marido venha a acreditar?

A única coisa pela qual eles oram é para que Deus dê fé à outra pessoa! Pois a fé é uma dádiva de Deus.

Sermão 168, 8

21 Junho

Que nossas bocas sejam preenchidas
de louvor a Ti, ó Deus.

Sermão 236, 3

LIBERTO DA GRANDE TORMENTA

Não é possível viver uma boa vida a menos que a Verdade te ajude, a menos que Ele te dê o poder, a menos que Ele o conceda a ti. Ora por isso e come. Ora e serás liberto da tormenta, pois Ele te encontrará, tanto fazendo o bem como vivendo uma boa vida.

Permite que tua consciência seja minuciosamente inspecionada. Então, tua boca será preenchida de louvor a Deus e júbilo, e tu serás liberto da grande tormenta e da enorme pressão.

Sermão 132A, 2

22
Junho

Que nossa esperança, Senhor, seja depositada no céu, e não na terra.

Sermão 227

ACREDITAI NO QUE NÃO VEDES

Aquilo que podeis ver passa, mas a realidade invisível significada não passa, mas permanece. O Corpo de Cristo está consumado, a Igreja de Cristo está consumada, os membros de Cristo estão consumados? Que pereça o pensamento! Aqui eles são purificados; lá eles serão coroados com os louros da vitória.

Aquilo que é significado permanecerá eternamente, mesmo que a coisa significada pareça ter passado. Então, recebei o Sacramento de forma a pensar em vós, a guardar a unidade em vossos corações, a sempre fixardes vossos corações no alto.

Sermão 227

23 Junho

Com a Tua ajuda vou entender, quando Tu me deres esse presente, ó graciosa Luz dos meus olhos secretos.

Confissões XI, 19, 25

A PRÓPRIA IMAGEM DE DEUS

Deus te criou à Sua imagem. Achas que Ele te daria os recursos para ver a luz do sol que Ele criou e não daria os recursos para ver Aquele que te criou, considerando que Ele te criou à Sua própria imagem?

Claro, Ele te deu isto: ambas as capacidades. Mas és muito apegado a esses olhos exteriores e completamente negligente com o olho interior; tu o carregas desgastado e danificado.

Sermão 88, 6

24 Junho

Necessitado e pobre eu sou, buscando a Tua misericórdia até que meu ser imperfeito seja levado à perfeição em paz.

Confissões X, 38, 63

PREGAM PAZ E PAZ TERÃO

Assim devem ser os apóstolos de Cristo: pregadores do Evangelho, e não recepcionistas pelo caminho; isto é, não devem buscar outra coisa, mas proclamar o Evangelho com um genuíno amor fraternal, deixar as pessoas entrarem em casa e dizerem "Que a paz esteja neste lar". Eles não apenas o dizem com seus lábios; eles espalham aquilo de que estão cheios. Pregam paz e paz terão.

Sermão 101, 11

25 Junho

Se tivermos elevado nosso coração a Ti, Senhor, Tu impedes que nosso coração caia para baixo.

Sermão 25, 2

SEGUE OS CUMES DAS MONTANHAS

Queres leite e mel? "Prova e vê quão delicioso é o Senhor." É a Sua graça que está simbolizada em nome do leite e do mel. É doce e nutritiva. Essa graça foi prevista no Antigo Testamento e revelada no Novo.

Todo aquele que adora a Deus no Novo Testamento deve esperar pela nova herança, não pela velha. Se estás esperando pela nova herança, percorre a terra, segue os cumes das montanhas, isto é, despreza a elevada estação dos orgulhosos.

Sermão 25, 2

26 Junho

O que quer que exista de bom em nós,
atribuímos a Ti, ó Bom Deus.

Sermão 293D, 5

JOÃO BATISTA

Simplesmente enquanto seres humanos, humilhemo-nos e não nos orgulhemos, exceto no Senhor, para que Ele possa ser exaltado; que diminuamos, para que Ele cresça.

Considera João Batista, o maior dos homens; entre os nascidos de uma mulher, ninguém maior surgiu; ele disse sobre Cristo: "Ele deve crescer; eu, porém, devo diminuir." Que Deus cresça e que os homens diminuam.

Sermão 293D, 5

27 Junho

Assim como aqueles que se alimentam da Tua verdade nos amplos pastos da caridade, que eu me una a eles em Ti.

Confissões XII, 23, 32

EXULTAI E ALEGRAI-VOS

Exultai e alegrai-vos nos dias dos santos mártires; orai para que sejais capazes de seguir os passos dos mártires.

Afinal, não é como se vós fôsseis seres humanos, e eles, não; não é o caso de terdes nascido e eles terem nascido de outro modo. Todos viemos de Adão; todos estamos tentando estar em Cristo.

Sermão 273, 9

28 Junho

De nenhum lugar Tu Te ausentas, Senhor, e mesmo assim quão tardiamente nós nos voltamos para Ti!

Confissões VIII, 3, 8

A MORTE NÃO É ALGO QUE PODE NÃO ACONTECER

A morte dos nossos entes queridos é algo que tememos: podemos perdê-los ou não. Não importa qual coisa ruim tu temas nesta terra, ela pode acontecer ou não.

Entretanto, a morte não é algo que pode não acontecer. Ela pode ser adiada, mas não pode ser eliminada. E mesmo assim todas as pessoas se esforçam em demasia para postergar o dia mau! Essa, então, deve ser incluída entre as coisas que precisam ser suportadas e vividas com paciência: o medo da morte.

Sermão 359A, 8

29 Junho

Clamo a Ti no conhecimento de que sempre serei um pedinte enquanto não Te possuir, Tu que me fazes rico.

Salmos 33, 11

GASTAR COM OS POBRES

Ninguém deve ter medo de gastar dinheiro com os pobres. Ninguém deve imaginar que aquele que aceita é o mesmo cuja mão está estendida. Aquele que aceita é aquele que te ordenou a dar o dinheiro.

E essa não é apenas uma ideia minha; não estou dizendo que este é um mero exercício de conjecturas humanas: escuta-O, pois Ele tanto dá o aviso como escreve a garantia. "Tive fome", Ele diz, "e tu me deste de comer".

Sermão 86, 3

30 Junho

Senhor, concede-nos força para amar a Ti de modo que sejamos capazes também de morrer por Ti.

Sermão 296, 1

"ENTREGAREI MINHA VIDA POR TI"

Abençoado seja Pedro, o primeiro dos apóstolos, tanto adorador como repudiador do Senhor Jesus Cristo, que seguiu o Senhor quando Ele estava prestes a sofrer; mas, naquele momento, ele não estava apto a segui-Lo a ponto de ele próprio sofrer. Ele seguiu com seus pés; ainda não era capaz de seguir com sua virtude. Prometeu que morreria *por* Ele, mas não tinha nem mesmo a capacidade de morrer *com* Ele.

Ele prometeu mais do que poderia cumprir porque, na verdade, não era possível fazer o que havia prometido: "Entregarei minha vida por Ti."

Sermão 296, 1

1 Julho

Ó amável Médico, lava a minha alma nas águas da tribulação para que, brilhando como um espelho, ela possa receber a marca da Tua imagem.

Solilóquios da alma com Deus II, 10

DEUS BUSCA A IMAGEM DELE EM TEU CARÁTER

Assim como César procura a imagem dele em sua moeda, Deus busca a imagem d'Ele em teu caráter. "Dai a César", Ele diz, "o que é de César."

O que César quer de ti? A imagem dele. O que Deus quer de ti? A imagem d'Ele. Mas a imagem de César está em uma moeda; e a imagem de Deus está em ti.

Sermão 113A, 8

2 Julho

Ajuda-nos, Senhor, a continuar seguindo em frente.

Sermão 169, 18

FAMINTOS E SEDENTOS POR JUSTIÇA

Paulo, faminto e sedento por justiça, diz que ainda não é perfeito porque ainda não recebeu, ainda não alcançou; ele diz que está se estendendo, diz que está seguindo rumo ao prêmio do chamado que vem do alto.

Ele está no caminho; tem fome e quer ser saciado, está ocupado e anseia por chegar, ferve em impaciência; nada para ele parece demorar tanto quanto "ser chamado e estar com Cristo".

Sermão 400, 1

3
Julho

Tu, Senhor, fizeste céus e terra. Tu és belo e essas coisas são belas, embora não tão belas como Tu.

Confissões XI, 4, 6

A JUSTA ORDEM DO AMOR

O que quer que ames em detrimento de Deus, foi Deus que criou. Pois, se não fosse belo, não seria valorizado por ti; e de onde poderia vir sua beleza se não fosse criada por Aquele que é invisível e belo?

Não quero que deixes de amar de todo, mas quero que teu amor siga uma ordem justa. Põe as coisas celestiais antes das terrenas. Põe o Senhor acima de tudo, não apenas em louvor, mas em amor.

Sermão 335C, 13

4 Julho

Minha fé clama a Ti, Senhor, esta fé que é Teu presente para mim.

Confissões I, 1, 1

AGRADEÇAMOS ÀQUELE QUE NOS DEU

Examinemos a nós mesmos, como os humanos que somos; e, por todo bem que encontrarmos em nós mesmos no que concerne à nossa justificação, agradeçamos Àquele que nos deu. E, ao agradecermos Àquele que nos deu, que peçamos a Ele também o que Ele ainda não tiver-nos dado.

Não penses que tiras proveito ao receber e que Ele perde ao dar. Não importa quão espaçosa seja a garganta, quão espaçoso seja o estômago, a Fonte ultrapassa infinitamente a tua sede.

Sermão 159, 9

5 Julho

Senhor, permite-nos amar-Te e correr para Ti.

Confissões VIII, 4, 9

CONSIDERAI-VOS AFORTUNADOS

Os tempos do passado que pensas que foram bons só foram bons por uma simples razão: não eram o teu tempo. Foi Adão quem ouviu: "Do suor da tua face, come teu pão e deverás trabalhar o solo." É o que ele mereceu e o que recebeu do último julgamento de Deus.

Então, por que achas que os tempos passados eram melhores que o teu tempo? Temos mais motivos para nos considerarmos afortunados do que para murmurar a respeito dos tempos.

Sermão 346C, 1

6 Julho

Que minha oração suba até a Ti. Meu anseio pelas alegrias que Tu dispensarás sobre nós na eternidade tirou de mim esta oração e a lançou rumo a Ti.

Salmos 53, 5

VIVER UMA VIDA ABENÇOADA É ALGO GRANDE

Não há nada de mais em viver uma vida longa, ou até mesmo viver para sempre; mas é algo grande viver uma vida abençoada.

Amemos a vida eterna e meçamos o quanto devemos nos esforçar por ela, pelo modo como vemos as pessoas que amam esta vida efêmera, que está fadada a ter um fim, às vezes se esforçarem tanto por ela que, quando o medo da morte surgir, farão tudo que puderem não para eliminar a morte, mas para simplesmente adiá-la.

Sermão 127, 2

7 Julho

Pelos nossos pecados estamos na escuridão, mas Tu, meu Deus, iluminarás minha escuridão.

Salmos 17, 29

SABEMOS PELA FÉ

Firmai bem os pés no caminho; firmai-os de modo que não abandoneis o caminho, de modo que não paraliseis, mas, como está escrito, "correi de tal modo que alcanceis o prêmio". Que Cristo sempre floresça em vossos corações, o Cristo que quis revelar na Cabeça o que os outros membros deveriam esperar.

Labutamos em toda a terra; nossa Cabeça no céu agora não morrerá nem falhará de nenhum modo, nem sofrerá mal algum. Ao mesmo tempo, Ele sofreu por nós. Sabemos disso pela fé, enquanto aqueles a quem Ele se revelou o souberam pelos olhos.

Sermão 361, 13

8 Julho

Porque é manso e humilde de coração, e dirigirá os mansos na justiça, e ensinará aos pacíficos os seus caminhos, vendo a nossa humildade e o nosso sofrimento e perdoando-nos todos os nossos pecados.

Confissões VII, 9, 14

LIVRAI-NOS DO MAL

A tolerância é absolutamente necessária nesta vida para pobres, ricos, sãos, doentes; para os cativos, para os livres, para os exilados, para os forasteiros, para aqueles que se estabeleceram em seu próprio país. A tolerância é necessária porque todos são igualmente exilados e forasteiros no mundo.

E, até que estejam libertos desse exílio e unidos a essa verdade, a essa realidade imutável pela qual ansiaram, são atormentados pelas provas e tentações e clamam a Deus: "Livrai-nos do mal."

Sermão 359A, 5

9 Julho

Não poupaste o teu Único Filho,
mas por nós todos O entregaste.

Confissões XII, 9, 14

CRISTO TORNOU-SE NOSSO CONCIDADÃO

Não conhecíamos o caminho, e o principal cidadão desta cidade tornou-se o caminho. A estrada tinha muitos desvios e curvas, era espinhoso e pedregoso e extremamente difícil.

O Líder em pessoa, que é o Príncipe lá no alto, desceu até aqui. Ele desceu para procurar os cidadãos desta cidade. Todos nós nos desviamos. Ele desceu à nossa procura e tornou-se nosso concidadão.

Sermão 16A, 9

10 Julho

Meus olhos estão fixos na Tua misericórdia, Senhor.

Confissões X, 34, 53

DEIXA TUDO PARA TEU DEUS

Teu filhinho está chorando para que o ponhas sobre o lombo de um cavalo. Tu dás ouvidos; deixarás que ele faça o que quer? Estás sendo cruel ou, na verdade, gentil? Pergunta-te se teu Senhor pode estar lidando contigo do mesmo modo quando pedes coisas descabidas e não as consegues.

O querer pode instruir-te, mas a abundância pode corromper-te. Estás pedindo pela abundância de corrupção quando o que precisas, talvez, é o querer, a necessidade da instrução. Deixa isso para teu Deus, que sabe o que te dar e o que tirar de ti.

Sermão 21, 8

11 Julho

Tu continuas me carregando, Senhor, até que
Tua obra esteja consumada em mim.

Salmos 85, 7

AGARRA-TE A DEUS COMO A UM BEM

Este é o primeiro mandamento, o início de nossa religião e jornada e caminho: manter nossos corações firmemente fixos na fé, e, ao fixar nossos corações firmemente na fé, viver boas vidas, afastarmo-nos dos bens sedutores, suportar pacientemente o mal passageiro e, enquanto a tentação do primeiro e do segundo perdurar, guardar nossos corações firmes e inabaláveis contra cada um deles.

Ao fazer isso, estarás agarrado a Deus como a um bem e não terás nenhum mal a suportar.

Sermão 38, 5

12 Julho

Ó justiça e inocência, justo e amável, é em ti que quero fixar meus olhos, de modo que vejam com pureza e encontrem saciedade em nunca serem saciados.

Confissões II, 10, 18

ANSEIA PELA LUZ QUE É CRISTO

Ama a Cristo; anseia pela Luz que é Cristo. Se o cego ansiou pela luz do corpo, quanto mais deverias ansiar pela Luz do coração?

Clamemos a Ele com nosso comportamento. Tenhamos uma boa vida; que tudo o que é passageiro não tenha importância.

Sermão 349, 5

13 Julho

Tu és nosso Deus que não morre, pois não há nada mais que possa Te suplantar.

Confissões IV, 11, 17

ELE NOS PAGOU COM SUA MORTE

O que Cristo nos diz? "Crê, crê que alcançarás as coisas boas da Minha mesa, visto que Eu não torci Meu nariz para tuas coisas desagradáveis." Então, Ele pegou as tuas coisas ruins e te dará as coisas boas d'Ele? Sim, é claro que sim.

Ele nos prometeu a Sua vida, mas o que Ele realmente fez é ainda mais inacreditável: Ele nos pagou com Sua morte antecipadamente.

Sermão 231, 5

14 Julho

Na Cruz, Senhor, demonstraste a queda de nosso antigo ser.

Sermão 231, 2

ELE INTRODUZIU ESPERANÇA EM NOSSA CARNE

O Senhor Jesus Cristo introduziu, através de Sua Carne, esperança em nossa carne. Ele tomou sobre Si tudo que sabemos nesta terra, o que é abundante aqui: nascer e morrer. Quanto a ressuscitar e viver para sempre, aqui não havia nada disso.

Ele encontrou aqui a mercadoria barata da terra e trouxe consigo as mercadorias exóticas do céu. Se a perspectiva da morte te alarma, sê atraído pela perspectiva da ressurreição.

Sermão 124, 4

15 Julho

Se agrada ao Senhor, que aconteça.
Bendito seja o Nome do Senhor!

Sermão 25A, 3

RIQUEZA INTERIOR

Vós, que sois pobres, não desprezeis a vós mesmos. Não há riqueza maior que a fé. Vossa despensa externa está vazia, mas os cofres internos estão cheios. Cofres cheios são uma boa consciência.

Tudo o que Jó, o homem santo, possuía externamente lhe foi tirado pelo diabo. Mas o diabo não pôde acessar os cofres internos. Desses cofres Jó era rico, de modo que disse: "O Senhor deu, o Senhor tomou."

Sermão 25A, 3

16 Julho

Deposito minha confiança em Ti, ó Senhor.

Sermão 102, 5

CUIDA DOS POBRES E FAZ BOAS OBRAS

Cuida dos pobres, não importa se estão prostrados ao chão ou perambulando; cuida dos pobres e faz boas obras. Se já tens o hábito de fazê-lo, faz; se não tens o hábito de fazê-lo, faz. Que haja um aumento no número de fazedores de boas obras, pois há um aumento, certamente, no número de fiéis.

Quando fazes algo, não consegues ver a quantidade de bem que fez, da mesma forma que um compatriota, quando semeia, não consegue enxergar a colheita, mas confia no solo. Então, por que não confias em Deus?

Sermão 102, 5

17 Julho

Tu, Senhor, quiseste trazer apoio do céu para todo aquele que trabalha.

Sermão 113B, 4

TU DÁS A CRISTO QUANDO DÁS A UMA PESSOA NECESSITADA

Tu dás a Cristo quando dás a uma pessoa necessitada; ou tens medo de que um guardião como esse possa perder parte do que tu deste, ou de que uma pessoa rica como essa possa não ser capaz de pagar de volta?

Deus é todo-poderoso, Cristo é todo-poderoso; tu não poderias perder nada disso. Quando confias n'Ele? Quando dás aos pobres. Essas riquezas não são passageiras.

Sermão 113B, 4

18 Julho

Tu me tocaste, e eu ardi pela Tua paz.

Confissões X, 27, 38

A CASA QUE É A PAZ SÓ AUMENTA

Ama a paz, tem paz, possui a paz e leva contigo o máximo de pessoas que puderes para possuírem a paz junto a ti.

Quanto mais pessoas a possuírem, maior ela será. Uma casa terrena não tem espaço para muitos; a casa que é a paz só aumenta quanto mais habitantes tiver.

Sermão 357, 1

19
Julho

Em nossos corações, Senhor, mostramos quem somos diante de Ti.

Sermão 259, 4

REDIME TEUS PECADOS

Ouve-me, senhor riquinho, e deixa meu conselho convencer-te. Redime teus pecados com esmolas. Não sentes em cima do teu ouro como uma galinha senta em cima de seus ovos.

Nu tu saíste do ventre da tua mãe e nu retornarás à terra. E, já que vais retornar nu à terra, para quem estás acumulando todas essas coisas sobre a terra?

Sermão 350B

20 Julho

Quando depositamos o saldo de nossas obras de misericórdia em Teu banco celestial, ó Senhor, confiamos que Tu o manténs em segurança.

Sermão 18, 3

O BANCO CELESTIAL

Aqueles que são dignos de confiança colocam sua confiança no poder de seu Senhor. Confiam n'Ele para guardar o depósito e descobrem o que ficou guardado por Ele. Afinal, mesmo as pessoas que depositam dinheiro não veem o cofre nem o dinheiro no cofre, veem?

Elas continuam economizando e depositando; de outro modo, teriam que cavar um buraco e guardar ali. Não o veem, mas têm um tipo de consciência tranquila a esse respeito, pois sabem que está bem ali onde guardaram.

Sermão 18, 3

21 Julho

Insiste, minha alma, e presta a devida atenção:
Deus é a nossa ajuda; foi Ele que nos criou,
e não nós que nos criamos.

Confissões XI, 27, 34

EM TI MINHA ALMA DEPOSITA SUA CONFIANÇA

Resta apenas uma única coisa que realmente somos livres para dizer: "'Tem misericórdia de mim.' Se tenho qualquer mérito para obrigá-Lo a ter misericórdia de mim, o que posso colocar na lista?

"Não minhas boas ações, não minhas riquezas, não minha força. Não por meus méritos, mas porque 'em Ti minha alma deposita sua confiança'."

Sermão 20A, 2

22 Julho

Bendito seja aquele que Te ama, Senhor, e ama seu amigo em Ti e seu inimigo por Ti.

Confissões IV, 9, 14

TRANSFERE TUA RIQUEZA PARA O CÉU

O que quer que ames, está aqui na terra; tens o que amas em um lugar onde podes perdê-lo e do qual podes te perder. Meu conselho para ti é: transfere-o para o céu.

Se o guardares aqui, perderás o que tens e perecerás junto com o que perderes; mas, se o guardares no céu, não o terás perdido, mas seguirás aquilo que enviou primeiro.

Sermão 389, 4

23
Julho

Permite-me, Senhor, ir mais longe na minha procura, ó minha esperança

Confissões XI, 28, 23

TRÊS TIPOS DE VIDA NA IGREJA

Existem três tipos de vida na Igreja dos membros de Cristo: os casados, os enviuvados e os castos. Porque esses três tipos de vida, essas formas de castidade, serão encontradas entre os santos membros de Cristo. Todas as três deram testemunho de Cristo.

Que cada um de vós escolhei um desses três tipos de vida, conforme bem entenderdes.

Sermão 196, 2

24 Julho

Venham os pedintes, porque quem concede o convite és Tu, que Te tornaste pobre por nós.

Sermão 112, 8

COMPAREÇAMOS AO JANTAR

Deixemos as desculpas más ou vãs; compareçamos ao jantar no qual poderemos saciar nosso interior. Não sejamos impedidos pela arrogância ou pelo orgulho; que nenhuma curiosidade ilícita nos infle em excitação nem nos derrube em terror, e, em qualquer um dos casos, afaste-nos de Deus.

Que nenhuma voluptuosidade sensual nos desvie da vontade sincera. Compareçamos e saciemo-nos.

Sermão 112, 8

25 Julho

Te amamos, Senhor, em esperança.

Sermão 21, 1

A COISA REAL

Antes que a coisa real venha até nós, antes que venhamos à coisa real, desfrutemos do deleite no Senhor. Não é um deleite leviano o que se espera da coisa real que virá depois. Mesmo nessas coisas passageiras, nos deleites do mundo, não o Senhor, muitas pessoas amam todo tipo de coisas e ainda não conquistaram as coisas que amam.

Então, agora ama em esperança. É por isso que diz o salmista: "O justo deleita-se no Senhor." E logo em seguida, porque ainda não O viu, ele acrescenta: "E espera n'Ele."

Sermão 21, 1

26 Julho

Senhor, ajuda-nos a dar o que temos para recebermos o que não temos.

Sermão 350B

DÁ O QUE TENS PARA RECEBER O QUE NÃO TENS

Dá para a pessoa que não tem algo, pois há algo que tu também não tens. Então, dá o que tens para receberes o que não tens.

Deixa o pedinte martelar em tua porta enquanto martelas na porta do Senhor. "Dá, e receberás."

Sermão 350B

27 Julho

Não deixes que aquilo que possuímos neste mundo ocupe nossa mão que deveria estar segurando em Ti, ó Deus.

Sermão 125, 7

O AMOR É A MÃO DA ALMA

Pensa no amor humano ordinário; pensa nele como a mão da alma. Se está segurando uma coisa, não pode segurar outra. Para ser capaz de segurar algo que te é dado, deves abandonar o que já estiveres segurando.

O que estou dizendo é que — e note que o estou dizendo publicamente —, se amares o mundo, não poderás amar a Deus; tua mão já estará cheia.

Sermão 125, 7

28 Julho

Que nossas mentes, ó Deus, sejam cheias de fé na ressurreição.

Sermão 242A, 3

A RESSURREIÇÃO DOS MORTOS

A ressurreição dos mortos é nossa esperança; a ressurreição dos mortos é nossa fé. É também nossa caridade, que inflama diante da proclamação das coisas que não podem ser vistas e se aquece com um desejo tão grande que dá aos nossos corações a capacidade de receber o gozo que nos é prometido para o futuro, expandindo-os enquanto creem nas coisas que ainda não podem ver.

Assim, retira a fé na ressurreição dos mortos, e toda a doutrina cristã entra em colapso.

Sermão 361, 2

29 Julho

Neste princípio fizeste, ó Deus, o céu e a terra, no Teu Verbo, no Teu Filho, na Tua virtude, na Tua sabedoria, na Tua verdade, de modo admirável dizendo, e de modo admirável fazendo.

Confissões XI, 9, 11

NA FÉ CRISTÃ

Algo foi edificado na fé cristã, e certos dispositivos mecânicos temporários já estão consumados. O fato de Cristo ter ressuscitado está consumado; Ele não vai ressuscitar de novo, e Sua ascensão ao céu está consumada.

O fato de que n'Ele também vive para sempre a mesma natureza da humanidade que Ele assumiu, e na qual Ele se dispôs a nascer, dispondo-se a morrer e ser sepultado nela, tudo isso é o que foi edificado e tudo isso permanece para sempre.

Sermão 362, 7

30 Julho

Senhor, que possamos Te tocar em fé.

Sermão 229I, 2

TIPOS DE VIDA

Na medida do possível, vê o que esta vida reserva; não falo de uma vida ruim, de uma vida amaldiçoada, nem criminosa, nem autoindulgente, nem ímpia; não, falo do tipo de vida inocente que se esperaria que Marta tivesse. Vê esse tipo de vida, na medida do possível, e pensa nela.

Restaram naquela casa, que recebeu o Senhor, dois tipos de vida em duas mulheres; ambas inocentes, ambas louváveis; uma trabalhadora, outra vagarosa.

Sermão 104, 4

31 Julho

Ó amor, que sempre queima, que nunca é extinto!
Ó caridade, meu Deus!

Confissões X, 29, 40

ACENDEI ESSA CENTELHA DO BOM AMOR DENTRO DE VÓS

Se meu sermão tiver encontrado em vossos corações ao menos uma centelha do amor espontâneo de Deus, cuidai dela. Dizei a vós mesmos que deveis urgentemente acendê-la por meio da oração, da humildade, da dor do arrependimento, do amor pela justiça, das boas obras, dos sussurros sinceros, de uma vida louvável, da amizade leal.

Acendei essa centelha do bom amor dentro de vós, nutri-a em vosso interior.

Sermão 178, 11

1 Agosto

Eu Te experimentei, e agora tenho fome e sede de Ti. Tu me tocaste, e eu ardi pela Tua paz.

Confissões X, 27, 38

AMAR A PAZ É TÊ-LA

Que coisa boa é amar a paz! Isso, vê, é o mesmo que tê-la. Existe alguém que não queira que aquilo que ama aumente?

Se há apenas poucas pessoas com quem desejas estar em paz, tua paz será pequena. Se queres que essa posse aumente, acrescenta outro possuidor.

Sermão 357, 2

2 Agosto

Ó Deus, o mais alto, o mais profundo, o mais oculto e ainda assim intimamente presente, Tu estás em todo lugar, inteiro e completo em cada lugar, sem estar limitado a lugar algum.

Confissões VI, 3, 4

AMA, E O SENHOR SE APROXIMARÁ

Como podemos nos deleitar no Senhor se Ele está tão distante de nós? Não deixes que Ele fique distante! És tu quem fazes com que Ele esteja distante.

Ama, e Ele se aproximará; ama, e Ele viverá contigo. O Senhor está muito próximo; não fiques ansioso.

Sermão 21, 2

3 Agosto

Se Deus é por nós, quem será contra nós? Louvor e glória sejam dados a Ele para sempre!

Sermão 57

CONFIA EM DEUS

Deus faz algo. Por que Ele o faz? Ou tu O conheces e O louvas por isso ou não O conheces e não confias n'Ele, se for reto de coração.

Ser reto significa louvar a Deus pelas coisas quando conheces as razões e não atribuir insensatez a Deus quando não as conheces.

Sermão 15A, 8

4 Agosto

Vendo que não há forma de fugir do Todo-Poderoso, nós nos viramos e corremos para Ti, o Todo-Poderoso.

Salmos 88, 24

DOIS DIAS EM UMA VIDA BOA

Sendo alguém que é sábio, temes não ter mais dois dias de uma vida boa. Se amanhã for um deles, deixa que hoje seja o outro; que estes sejam teus dois dias.

Se não houver um amanhã, ao menos o hoje te encontrará em segurança; e, se houver um amanhã para ti, que seja adicionado ao hoje!

Sermão 20, 4

5 Agosto

Todas essas coisas que Tu fizeste são amáveis, e, vê, Tu que as fizeste és ainda mais amável, indizivelmente mais.

Confissões XIII, 20, 28

COMO CONHECEMOS A DEUS?

Como conhecemos a Deus? A partir das coisas que Deus fez. Todas elas te responderão: "Eis-nos aqui, vê, somos belas." Sua beleza é a sua confissão.

Quem fez essas coisas belas e mutáveis, senão Aquele é que belo e imutável?

Sermão 241, 2

6
Agosto

Graças sejam dadas a Ti, nosso Senhor! Nós pertencemos a Ti, como provam as suas exortações e consolos. Tu és fiel às Tuas promessas.

Confissões IX, 3, 5

OS NECESSITADOS ESTÃO BEM DIANTE DE NÓS

Os necessitados estão bem diante de nós; se depositarmos nossas economias neles, não as perderemos. Não temos medo de que alguém fuja com elas.

Vê, Aquele que nos deu tais economias as mantém em segurança; não poderíamos encontrar melhor guardião nem um fazedor e guardião de promessas mais confiável.

Sermão 302, 8

7 Agosto

Que meu fim me seja conhecido, Senhor.
Acredito em Ti, que és meu fim.

Sermão 16A, 9

ACREDITAMOS NELE, O NOSSO FIM

Cristo desceu até nós como nosso concidadão e disse: "O que fazeis aqui, cidadãos de Jerusalém? A imagem e semelhança de Deus foi criada apenas em Jerusalém. Os estatutos de Deus não estão estabelecidos nesta vida. Trabalhar, a fim de retornar.

"Vós perguntais 'Como retornaremos?' Aqui estais vós, Eu me derramo aos vossos pés, Eu me torno uma estrada para vós, serei o fim para vós. Imitai-me."

Sermão 16A, 9

8 Agosto

Que eu me lembre com gratidão, ó Deus, das Tuas misericórdias. Que eu seja inundado de amor por Ti até que meus ossos clamem "Quem é como Tu, ó Senhor?".

Confissões VIII, 1, 1

GRAÇAS SEJAM DADAS A DEUS

Graças sejam dadas a Ele, a quem cantamos com corações e bocas devotos "Deus, quem é como Tu?", pois podemos sentir o amor santo por Ele profundamente arraigado em vossos corações, pois vós O reverenciais como Senhor, O louvais como Pai.

Graças sejam dadas a Ele, que é desejado antes de ser visto e cuja presença é sentida, cuja vinda é aguardada. Graças sejam dadas a Ele; o temor a Ele não é abalado pelo amor, e o amor a Ele não é paralisado pelo temor. É a Ele que abençoamos e honramos, vós e em vós.

Sermão 24, 1

9 Agosto

Tu, Deus da minha vida, por quem anseio para que possa encontrar força: Tu és a vida das almas, a vida de todas as vidas, a própria vida que é viva e imutável, a vida da minha própria alma.

Confissões III, 6, 10

AMAR A VIDA DA ALMA

Amamos a vida e não temos qualquer hesitação em amá-la; não podemos nem por um instante negar que amamos a vida. Portanto, escolhamos a vida, se a amamos.

O que estamos escolhendo? A vida. Primeiro, aqui, uma boa vida; depois desta, a vida eterna.

Sermão 297, 8

10 Agosto

Eu trabalho nesta terra como se Tu me tivesses esquecido, mesmo que eu bem saiba que Tu estás apenas me testando, e, mesmo que pareça que Tu me abandonaste, Tu nunca falharás em me dar o que me prometeste.

Salmos 87

DESCE PARA TRABALHAR NA TERRA

O próprio Cristo te diz: "Desce para trabalhar na terra, para servir na terra, para ser desprezado, crucificado na terra."

A vida desceu para ser morta; o Pão desceu para os famintos; o Caminho desceu para se fatigar na viagem; a Fonte desceu para experimentar a sede; e tu te recusas a suportar a labuta?

Sermão 78, 6

11 Agosto

Ó Senhor, de nosso Jordão lamacento; clamamos a Ti para lembrarmos nesta montanha que, embora tão alta quanto Tu, foi rebaixada até nós. Desgostosos de nossa escuridão, nós nos convertemos a Ti.

Confissões XIII, 12, 13

CRISTO É SUA MONTANHA DE REFÚGIO

Aproxima-te da montanha, sobe a montanha e, uma vez no alto, não desças. Lá estarás seguro, lá estarás protegido.

Cristo é sua montanha de refúgio. E onde está Cristo? À direita do Pai, desde que ascendeu ao céu.

Sermão 62A, 3

12 Agosto

Eu sirvo e adoro a Ti, meu Deus, para que eu possa ser feliz em Ti, que me fizeste um ser capaz de encontrar a felicidade.

Confissões XIII, 1, 1

BUSCANDO UMA VIDA FELIZ

O Senhor engrandeceu Seu Santo a ponto de ressuscitá-Lo dos mortos e dar a Ele a honra de sentar-se à Sua direita no céu. Ele te mostrou o que poderias saborear se verdadeiramente desejasses ser feliz.

Nesta vida, tu não podes ser feliz. Ninguém pode. Buscas algo bom, mas a terra não é o lugar para esse algo bom que buscas. O que tu buscas? Uma vida feliz. Bem, ela não será encontrada aqui.

Sermão 321, 5

13 Agosto

Ó meu Senhor, molha este solo árido da minha alma seca e desolada com a infusão da Tua graça.

"Like as the Hart"[1]

HOJE TU ADMIRAS AQUILO QUE TE FAZIA ESTREMECER

Alguém pode me dizer: "Aquelas folhas apodreceram, e novas folhas nasceram." Mas mesmo as folhas que apodrecem se submetem às forças da terra. O que parecia já desgastado e ter ido para o lixo retorna à riqueza da terra, a riqueza retorna à seiva, e a seiva, à raiz. Aquilo que te faz estremecer na putrefação do esterco, hoje tu admiras no fruto e na folhagem da árvore.

Sermão 361, 11

1 "Como o cervo", em tradução livre. (N. da E.)

14 Agosto

Fala, ó Senhor, que eu escuto. Meu coração está ouvindo; abre os ouvidos do meu coração e diz à minha alma: "Eu sou a tua salvação."

Confissões I, 5, 5

OUVIDOS DO CORAÇÃO

O trabalho do mestre é perigoso; o estado do discípulo é seguro. É por isso que diz o salmo: "Faz-me ouvir alegria e exultação." Ouvir o mundo é mais seguro que proferi-lo.

Então, é muito mais seguro que tanto nós que falamos quanto vós que ouvis entendamos que somos condiscípulos debaixo de um único Mestre. Sim, é inquestionavelmente mais seguro, e ajuda enormemente, se nos ouvirdes, não como vossos mestres, mas como vossos pupilos.

Sermão 23, 1-2

15 Agosto

Ó Verdade, Iluminação do meu coração, que minha própria escuridão não fale comigo. Que Tu fales comigo.

Confissões XII, 10, 10

A VERDADEIRA IMAGEM

O que se busca em uma imagem é que ela seja verdadeira, não vã. "Embora o homem ande segundo a imagem", tu vês que "ele se perturba em vão".

Vê, é amando a verdade que essa imagem de Deus, segundo a qual fomos criados, é esculpida novamente, e sua própria moeda é restituída ao nosso César.

Sermão 90, 10

16 Agosto

Como chegarei a Ti com o rosto descoberto, se louvei outro e ofendi a Ti? Se eu morresse amanhã, com qual rosto olharia para Ti?

Salmos 34, 14

QUEM É TEU DEUS?

Quem é teu Deus? Aquele que te fez. Quem é o Deus do ferreiro? Aquele que o fez. Quem é o Deus do ídolo? Aquele que o fez. Então, se o ídolo tivesse uma mente e um coração, ele não louvaria ao ferreiro?

Aí está: essa é a iniquidade com a qual derrubaram a verdade e não encontraram o caminho que leva à posse que foram capazes de ver.

Sermão 141, 3

17 Agosto

Ó Verdade gentil, eu me esforço para capturar a Tua melodia e ouvir-Te, para que minha alegria seja perfeita ao som da voz do Noivo.

Confissões IV, 15, 27

VEREMOS A VERDADE

"Bem-aventurados aqueles que habitam em Tua casa; louvar-Te-ão para sempre e sempre." Lá, todo nosso interesse será louvar a Deus. O que louvaremos se não tivermos amado? E o que amamos é o que veremos.

Veremos a verdade, e Deus, a quem louvaremos, será essa verdade. Então encontraremos o que hoje cantamos: *Amém*, é verdade; *aleluia*, louva ao Senhor.

Sermão 236, 3

18 Agosto

Pelo esforço dos Teus Santos, ó Deus, Teus Sacramentos abriram caminho em meio às ondas das tentações deste mundo, de modo que os povos pudessem ser marcados com Teu Nome no Batismo.

Confissões XIII, 20, 26

MÃES DE CRISTO

Vós vos tornastes filhas; e também mães. Vós fostes a mãe de filhos quando fostes batizadas; e então nascestes como membros de Cristo.

Trazei todo aquele que puderdes para as águas do batismo, de modo que, assim como vos tornastes filhas quando nasceram, possais, do mesmo modo, ao trazerdes outros para nascerem, tornardes-vos também mães de Cristo.

Sermão 72A, 8

19 Agosto

Ó Senhor, Tu derramarás presente após presente sobre mim, de modo que minha alma se desagarrará do pântano pegajoso de concupiscência e me seguirá até Ti.

Confissões X, 30, 42

DÁ, E RECEBERÁS

Deus trata seus pedintes como tu tratas os teus. Então "dá, e receberás". Se não estiveres disposto a isso, toma conta de ti mesmo.

O pobre clama e te diz: "Peço-te pão, e tu não me dás; tu pedes vida e não a recebes."

Sermão 350C, 1

20 Agosto

Permite-me ouvir-Te, Tu que és verdade; traz o ouvido do meu coração para perto da palavra da Tua boca.

Confissões IV, 5, 10

A INTEGRIDADE DA PALAVRA

O que significa a Palavra que tudo faz? É como esta minha voz, toda ela para cada um dos meus ouvintes, a integridade dela com cada um de vós.

Ainda assim eu não tenho tantas vozes quanto vós tendes ouvidos, mas uma só voz preenche muitos ouvidos, não compartilhada entre eles, mas a integridade dela em cada um. Bem, pensa na Palavra de Deus do mesmo modo.

Sermão 28, 4

21 Agosto

Ó meu Deus, imponência em minha pequenez e descanso em minha labuta, Tu que ouves minhas confissões e perdoas meus pecados, Tu ordenas que eu ame meu próximo como a mim mesmo.

Confissões XII, 26, 36

NOSSAS REDES SIGNIFICAM VIDA

As "redes" que somos convocados a lançar aos outros significam vida; apenas deixa que o amor seja mantido. E não penses em quão incômodo és para uma pessoa, mas quão amável essa pessoa é para ti.

Que tipo de amor mostrarias se poupasses uma pessoa e ela morresse?

Sermão 400, 11

22 Agosto

Quando eu caí, ó Deus, Tu me deste a Tua mão. Quando caminhei nos Teus caminhos, Tu caminhaste comigo; quando me acheguei a Ti, Tu me recebeste doce e gentilmente.

Solilóquios XIII, 5

PROSSEGUE CAMINHANDO

Somos cristãos, e todos queremos prosseguir na jornada; e, mesmo que não queiramos, devemos seguir em frente na jornada.

Ninguém tem autorização para ficar aqui; todos que vêm a esta vida são compelidos pelo girar da roda do tempo a prosseguir. Não há espaço para o ócio; prossegue caminhando, ou apenas serás arrastado.

Sermão 346A, 1

23 Agosto

Ensina-me em Tua doçura, para que essa verdade possa se tornar doce para mim.

Sermão 153

ÁVIDA PELA VERDADE

Do que Maria desfrutava? O que ela comia, o que ela bebia avidamente com a boca de seu coração? Justiça, verdade. Ela estava desfrutando da verdade, ouvindo a verdade, ávida pela verdade, ansiando pela verdade.

Na fome, ela comia a verdade e a bebia na sede. Ela se refrescava, e aquilo que a alimentava não diminuía.

Sermão 179, 5

24 Agosto

Que eu não seja minha própria vida!
Em Ti começo a viver de novo.

Confissões XII, 10, 10

VIVER EM RETIDÃO

Se não sabes o que é viver em retidão, conhece os mandamentos divinos. Talvez, afinal, existam muitas pessoas vivendo em retidão, mas o motivo para que penses que ninguém vive em retidão é que ignoras o que significa viver em retidão.

Se, no entanto, souberes, age conforme teu conhecimento, de modo que possas ter o que buscas e também possas mostrar aos outros algo a ser imitado.

Sermão 351, 11

25 Agosto

Ó Sabedoria encarnada, Deus da verdade, Tu convocas toda a humanidade e clamas a ela: Eu sou teu alimento e o objetivo da tua felicidade.

Solilóquios XIII, 4

A RIQUEZA QUE COMPARTILHAMOS É NOSSO SENHOR

Todos nós pertencemos a um grande lar e estamos todos debaixo de uma só cabeça da família. Ele tem uma grande despensa com a qual todos nós podemos viver.

O que eu vivo é o que eu ofereço a ti; o que me alimenta é o que eu sirvo a ti. Porque contigo eu sou pobre. A riqueza que compartilhamos é o nosso Senhor: a vida de todos nós, abençoada e eterna.

Sermão 319A

26 Agosto

Ó minha divina Cabeça em quem toda a luz da sabedoria permanece, guia-me; ó luz de meu olho interior, ilumina-me; ó unidade divina, faz-me manso e gentil.

Solilóquios I, 8

A UNIDADE DO CORPO DE CRISTO

Um "novo mandamento eu vos dou: amai uns aos outros". Enquanto o Senhor se torna Ele próprio um corpo para todos nós, seus membros, um corpo com uma cabeça, vós vos ocupais afastando-vos dos membros de Cristo e não tendes mais amor pela unidade.

Então, por que não buscar vos corrigirdes, por que não serdes trazidos de volta para a comunidade dos membros de Cristo e fazerdes parte de Seu corpo em harmonia, sim, vós também?

Sermão 400, 8

27 Agosto

Que eu busque a Ti, Senhor, mesmo enquanto clamo a Ti, e clame a Ti mesmo enquanto creio em Ti.

Confissões I, 1, 1

AQUIETA-TE E VÊ

Uma coisa "pedi ao Senhor, e a buscarei"; não as muitas coisas com as quais me ocupo, mas "que eu possa habitar a casa do Senhor todos os dias da minha vida, que eu possa contemplar o deleite do Senhor".

Não é esse o gozo das pessoas que trabalham até os ossos! "Aquieta-te e vê." O quê? "Que Eu sou o Senhor." Uma visão tremenda, uma contemplação inesgotavelmente satisfatória.

Sermão 104, 7

28 Agosto

Que os soberbos riam de mim; mas deixa-me confessar minhas ações desgraçadas a Ti, e, ao confessar, louvar-Te. Sem Ti, o que sou senão um guia para minha própria queda?

Confissões IV, 1, 1

OS QUE PEDEM SÃO IGUAIS ÀQUELES A QUEM PEDEM

Devemos considerar, quando nos pedem algo, quem está fazendo o pedido e para quem estão pedindo.

Quem está fazendo o pedido? Seres humanos. Para quem eles estão pedindo? Para seres humanos. Quem está fazendo o pedido? Criaturas frágeis. Quem está fazendo o pedido? Pobres miseráveis. Para quem estão pedindo? Para pobres miseráveis!

Sermão 61, 8

29 Agosto

Meu Deus, eu não existiria, eu não seria nada, se Tu não estivesses em mim, ou melhor, se eu não estivesse em Ti.

Confissões I, 2, 2

NADA TROUXEMOS AO MUNDO E NADA PODEREMOS LEVAR EMBORA

Nada trouxemos a este mundo. Mas, talvez por não teres trazido nada e encontrado tanto enquanto esteves aqui, queres levar algo contigo?

Então, ouve bem. Deixa que o apóstolo também o diga, já que ele não tem nenhum interesse em agradá-lo: "Pois nada trouxemos para o mundo", quando nascemos, é claro; "e nada podemos levar dele", é claro, quando deixarmos este mundo.

Sermão 61, 9

30 Agosto

Ninguém perde a Ti a menos que tente se afastar de Ti. Apenas Ele não perde nenhum ente querido, pois todos são queridos para Deus, que nunca se perde.

Confissões IV, 9, 14

ELA SABIA COMO GUARDÁ-LO PORQUE NÃO TEMIA PERDÊ-LO

A mãe dos macabeus sabia como guardar e proteger seus filhos. Ela sabia como guardá-los porque não temia perdê-los.

Cada um deles sofreu dor na própria pele; ela, vendo o que fizera, sofreu por todos eles. Ela os viu morrer e amou a todos; ela suportou nos olhos o que eles suportaram na pele.

Sermão 300, 6

31 Agosto

Da opressão e violência o Senhor redime todo aquele que n'Ele crê, todo aquele que Lhe diz de coração: "Creio que verei a bondade de Deus na terra dos vivos."

Sermão 216

MIRA PARA A FRENTE

Somente mira para a frente, não para trás. Se em teu último dia não fores vitorioso, que ao menos ainda estejas lutando, não capturado e amordaçado.

Sermão 22, 8

1 Setembro

É por amor a amar a Ti que eu oro.

Confissões XI, 1, 1

AMA O PRÓXIMO COMO A TI MESMO

Se eu tenho que amar a Deus com tudo o que tenho dentro de mim, o que sobrará para amar o próximo? Vê, quando foste instruído a respeito de amar o próximo, não ouviste "com todo o coração, alma e mente", mas "como a ti mesmo".

Deves amar a Deus com tudo que há em teu interior, pois Ele é melhor que ti; e o próximo como a ti mesmo, pois ele é teu semelhante.

Sermão 179A, 3

2 Setembro

A Tua mão não é poderosa o suficiente para curar todas as doenças da minha alma, ó Deus Todo-Poderoso?

Confissões X, 30, 42

NÃO TER VERGONHA DE REVELAR ONDE DÓI

O fariseu não estava tão satisfeito com seu atestado de saúde em branco em comparação com as doenças dos outros. Sua pena lhe teria sido mais digna, já que ele precisou vir até o médico e dizer-lhe em confissão as coisas que estavam erradas consigo.

Assim, não é de surpreender que foi o coletor de impostos que partiu curado, pois não teve vergonha de mostrar onde doía.

Sermão 351, 1

3 Setembro

Em Tua insondável misericórdia, Tu primeiro deste aos humildes certos indicadores para o verdadeiro Mediador para que pelo exemplo pudessem aprender uma humildade como a d'Ele.

Confissões X, 43, 68

ALCANÇA DEUS PELA HUMILDADE

Nas situações ordinárias e visíveis, para alcançar os lugares elevados, tu te esticas para o alto. Deus, no entanto, embora seja a mais sublimemente elevada das coisas, não é alcançado se apenas nos esticarmos, mas se nos tornarmos humildes.

É por isso que diz o profeta: "O Senhor é próximo daqueles que esmagaram seus corações."

Sermão 351, 1

4 Setembro

Ó Verdade, existe alguma estrada em que Tu não tenhas caminhado comigo, ensinando-me o que evitar e pelo que ansiar?

Confissões X, 40, 65

CRISTO, A ESTRADA

Eu "pus uma guarda na minha boca enquanto o pecador se levantou contra mim". Cristo tornou-se o caminho, a estrada, para Ti. Mas "todo aquele que diga que permanece em Cristo deve caminhar como Ele caminhou".

Ele é a estrada. Então, caminhemos agora, destemidos. Não desviemos; não saiamos da estrada.

Sermão 16A, 10

5 Setembro

Teus julgamentos, ó Senhor, são uma grande profundeza; Teus julgamentos são incompreensíveis. Que possamos aprender sabedoria, que possamos aprender fé, enquanto as profundezas clamam pelas profundezas.

"Like as the Hart"

GRAÇAS A DEUS ACREDITAR NO QUE NÃO PODE SER DITO

Maravilhoso é referir: o que não somos capazes de expressar, não somos autorizados a atravessar em silêncio. Proclamamos em palavras, em voz alta, o que não conseguimos compreender no silêncio de nossos pensamentos. De fato, somos incapazes de expressar essa dádiva estupenda de Deus, porque somos pequenos demais para explicar Sua grandeza, e ainda assim somos obrigados a louvá-Lo para que, ao ficarmos em silêncio, não sejamos ingratos.

Mas graças a Deus é possível acreditar fielmente no que não pode ser adequadamente dito.

Sermão 215, 3

6 Setembro

Que Deus cresça; que Ele erga seus braços; que Ele se levante para nos ajudar. Ele usa nossa alma em qualquer que seja Seu propósito. Quando ela está na mão d'Ele, deixa-O usá-la como desejar.

Salmos 33, 4

DEUS É O SOCORRO NA BATALHA

Um hábito prazeroso pode estar morto, mas outro está muito vivo; e este, também, desde que não consintas, está sendo levado à morte por ti. Quando começa a não ser mais prazeroso, puseste fim a ele.

Enquanto batalhamos nessa disputa, temos Deus como nosso espectador; quando enfrentamos uma dificuldade, podemos pedir que Ele venha em nosso socorro. Pois, se Ele não nos ajudar, não seremos capazes, não digo de ganhar, mas nem mesmo de lutar.

Sermão 156, 9

7 Setembro

Estou batendo com a sinceridade do meu coração na porta do meu Senhor Deus, de modo que Ele possa dignar-se a revelar o mistério.

Salmos 31, 1

PARA O CORAÇÃO A PORTA ESTÁ ABERTA

É inútil martelarmos na porta do Senhor com pedras ou alavancas, com socos ou pontapés. A vida bate, e, para a vida, a porta está sempre aberta.

É com o coração que se pergunta, com o coração que se busca, com o coração que se bate, e para o coração a porta se abre.

Sermão 91, 3

8 Setembro

Clamemos pelo Espírito constantemente, clamando pela Sua ajuda, de modo que possamos ouvi-Lo dizendo às nossas almas: "Eu sou a vossa salvação."

Sermão 163, 12

CAMINHA SEGUNDO O ESPÍRITO

Quando começares a achar as coisas difíceis em tua luta contra os desejos da carne, caminha segundo o Espírito, chama pelo Espírito, começa a buscar a dádiva de Deus.

E se a lei dos teus membros estiver lutando contra a lei da tua mente em tua parte mais baixa — isto é, na carne — e estiver te mantendo cativo sob a lei do pecado, mesmo isso será corrigido. Tudo que tens a fazer é clamar por Ele.

Sermão 163, 12

9
Setembro

Não busco nada fora do Senhor, mas apenas o próprio Senhor, e Ele me ouvirá e, mesmo enquanto eu estiver falando, Ele dirá: "Aqui estou."

Salmos 33, 2-9

AOS OLHOS DE DEUS, DEVEMOS SER FAZEDORES

Vós sois os ouvintes do mundo; nós somos seus pregadores. Internamente, porém, somos todos ouvintes. Internamente, no coração, na mente, onde Ele está ensinando a vós quem vos pede aplausos.

Estou falando externamente; Ele vos instrui internamente. Então, somos todos ouvintes internamente e todos nós, tanto externa quanto internamente, aos olhos de Deus, devemos ser fazedores.

Sermão 179, 7

10 Setembro

Ó Palavra divina, que criaste tudo que há no céu e na terra, e defende Tua criação pela Tua força e providência: Tu começas, Senhor, a ter piedade de mim; Tu fazes um raio da Tua misericórdia, beleza e sabedoria brilhar sobre a minha alma.

Solilóquios VI, 3

ATRAVÉS DOS OLHOS

Busca o habitante interior que está atrás de seus olhos interiores; deixa que ele vá à janela e observe a criação de Deus.

Assim, não são os olhos que veem, mas há alguém que vê através dos olhos. Coloca-o de pé; acorda-o; afinal, não te foi negado tal hóspede.

Sermão 126, 3

11 Setembro

Vê como minha alma te mostra suas feridas, implorando a cura a Ti. Ela anseia pela perfeita saúde, para que possa confessar todos os benefícios que recebi de Ti desde o primeiro momento da minha vida até este momento, em que ouso orar a Ti.

Solilóquios XIII, 4

A CURA DE DEUS

Não deixes que as punições de Deus te derrubem, ou Ele pode deixar-te sozinho, de modo que pereças para sempre. Resistamos nesse remédio salvador que é Ele e não fujamos de Seu flagelo.

É isso que Ele está nos ensinando; é sobre isso que Ele está nos advertindo; é assim que Ele está nos construindo.

Sermão 113A, 14

12 Setembro

Supliquemos a Ele para que diga às nossas almas: "Eu sou a tua salvação." Nenhuma outra salvação eu buscarei senão o Senhor meu Deus.

Salmos 34, 6

UM EXEMPLO DE PACIÊNCIA

Nas coisas que nosso Senhor sofreu de seus inimigos, Ele se agradava em nos dar um exemplo de paciência para nossa salvação e também para nossa vantagem no modo como conduzimos nossas vidas, de forma que não recusemos sofrer a mesma sorte de coisas, se esse for o desejo d'Ele, pela honra do Evangelho.

O fato é que nem mesmo em Sua carne mortal Ele sofreu nada desnecessário, mas tudo por Seu próprio livre-arbítrio.

Sermão 218, 1, 10

13 Setembro

Ó Corpo de Cristo, Igreja sagrada, que tudo que há em Ti diga: "Senhor, quem é como Tu?"

Salmos 34, 14

A ELE SEJA DADO O LOUVOR

A Ele seja dado o louvor, a Ele seja dada a glória, a Ele que achou graça em criar Cipriano em uma época oportuna, ensiná-lo em sua obediência, guiá-lo em seus ensinamentos, ajudá-lo em sua luta e coroá-lo em sua vitória.

A ele seja dado o louvor, a Ele seja dada a glória, a Ele que fez desse homem uma figura em quem demonstrar à sua Igreja a quais grandes males a caridade se opunha e a quais grandes bens ela era preferível e como não poderia haver caridade em um cristão que não estimasse e protegesse a unidade de Cristo.

Sermão 312, 6

14 Setembro

Tu, ó Cristo, és a luz sem escuridão, o sol sem manchas, o caminho sem desvios, a verdade sem erro, a vida sem falha, a felicidade sem fim ou limite.

Solilóquios IV, 2

CRISTO É O CAMINHO

Manter o meio-termo, a verdadeira, a estreita via entre o desespero e a presunção seria extremamente difícil para nós se o próprio Cristo não tivesse dito: "Eu sou o caminho."

"Eu sou", Ele diz, "o caminho, a verdade e a vida." É o mesmo que dizer: como queres ir? "Eu sou o caminho." Aonde queres ir? "Eu sou a verdade." Onde queres ficar? "Eu sou a vida."

Sermão 142, 1

15
Setembro

Tu clamas a Jesus e não te achas íntegro?

Sermão 174, 3

DELEITA-TE NAQUELE QUE ESTÁ PENDURADO

Tu és cristão; carregas em tua fronte a Cruz de Cristo; a marca estampada em ti ensina-te o que deves professar.

Quando Ele estava pendurado na Cruz — a Cruz que carregas em tua fronte —, observava as pessoas desvairadas contra Ele: suportando os insultos delas, orando por seus inimigos. Assim, não te deleites no sinal da madeira, mas no sinal d'Aquele que está pendurado nela.

Sermão 302 ,3

16 Setembro

Nem podes ser obrigado ao que quer que seja contra vontade, porque a tua vontade não é maior do que o teu poder.

Confissões VII, 4, 6

COMO POSSUIR SUA RIQUEZA

É assim que deves possuir tua riqueza e possuir tudo aquilo para o qual tens o poder: não nutrires variados tipos de ganância, mas praticares variadas obras de bondade e piedade.

Desse modo, aguardarás pelo último dia sem ansiedade, genuinamente rico, internamente rico, externamente o melhor que puderes, internamente conforme tiver sido comandado a ti.

Sermão 229E, 5

17 Setembro

Que eu possa servir a Ti na terra como os anjos servem a Ti no céu, executando em amor todas as Tuas ordens e nunca ofendendo a Ti.

Sermão 56

DEUS NOS SERVE

Nós servimos a Deus, e Deus serve a nós. Quando eu disse "nós servimos a Deus", todos concordaram. Mas, quando eu disse "Deus serve a nós", posso ter chocado algumas pessoas.

Nós servimos a Ele, e não Ele a nós, certo? Ainda assim, é bom para nós que Ele possa nos servir ao nos cultivar, porque, a menos que Ele cultivasse ou servisse este campo, ele estaria cheio de ervas daninhas.

Sermão 125A, 5

18
Setembro

Que a Tua criação Te louve, para que possamos amar a Ti, e que amemos a Ti, para que esse louvor possa ser oferecido a Ti pela Tua criação.

Confissões XIII, 33, 48

SE TIVESSES OURO, COMO O USARIAS?

Tu dizes: "Lamento pelo ouro que aparece no caminho daquela pessoa. Ah, se eu tivesse!" O que farias com ele? "Eu teria acolhido os forasteiros, alimentado os necessitados, vestido os nus, redimido os cativos." Fácil dizeres antes de tê-lo, mas como podes afirmar quando nunca tiveste?

Se realmente usasses o ouro dessa forma, porque amas mais Àquele por quem o ouro foi criado, então serias elevado, amando mais as coisas do alto, usando as coisas de baixo com retidão.

Sermão 21, 10

19 Setembro

Meu Deus, atiça e anima em mim o desejo de retribuir tudo que eu verdadeiramente devo a Ti. Ensina-me quão grande deve ser esse amor que Tu me ordenas a ter por Ti.

Solilóquios VIII, 1

OS POBRES FORAM NOMEADOS NOSSOS CAMARADAS

Vós, que sois ricos, sabei que os pobres foram nomeados vossos camaradas nesta vida. Vede-os passando por dificuldades por não terem coisas e vós passando dificuldades por terdes coisas.

Por não terem as coisas, eles não têm nada para os suportar; vós, por terdes muito, carregais pesos que vos fazem cair. Supri a sua falta e diminuí vosso fardo.

Sermão 25A, 4

20 Setembro

Elevemos nosso coração para aquilo que olhos não viram, nem ouvidos ouviram, nem o coração humano concebeu.

Sermão 331, 3

OS PRESENTES DE DEUS

Deus nos deu nossa natureza para que pudéssemos existir; deu-nos a alma para que pudéssemos viver; deu-nos a mente para que pudéssemos entender; deu-nos alimentos para sustentar esta vida mortal; deu-nos luz no céu e nascentes na terra. Mas todas essas coisas foram dadas tanto aos bons como aos maus. Isso significa que Ele não reservou nada especial para os bons?

Ele certamente reserva! E o que é esse algo que Ele reserva para os bons? "O que olhos não viram, nem ouvidos ouviram, nem o coração humano concebeu."

Sermão 331, 3

21 Setembro

Ó Deus, esperança da minha juventude,
não foste Tu que me criaste?

Confissões VI, 1, 1

DEUS NUNCA PERDE SEU CHARME

Espera em Deus porque Ele nunca perde seu charme, porque não há nada mais amável do que Ele. A razão para que as outras coisas percam o charme é que elas não podem durar, que elas não são como Ele é.

Nada, ó alma humana, nada pode ser suficiente para ti senão Aquele que te criou.

Sermão 125, 11

22 Setembro

O que ordenaste, ó Senhor meu Deus? Busquei aconselhamento na vida. Que vida, se não aquela a respeito da qual foi dito: "Em Ti está a fonte da vida."

Tratado 34 sobre o Evangelho de São João

VIDA VERDADEIRA

A verdade, a real verdade, promete-nos uma vida que é não somente eterna, mas também bem-aventurada, onde não há incômodos para nos irritar, trabalho, medo ou luto.

O que se encontra lá é a libertação plena e total e definitiva da ansiedade. Vida debaixo de Deus, vida com Deus, vida vindo de Deus, vida que é o próprio Deus.

Sermão 297, 8

23 Setembro

O que pode ser dado a mim que seja melhor que Deus?
Deus me ama; Deus ama cada um. Vê, Ele fez
Sua oferta: "Pede o que desejas."

Salmos 33, 3

AMAR A DEUS LIVREMENTE

Diz o salmista: "Ó Senhor, por que me dar uma herança? Tudo que Tu me deres, não valerá muito a pena. Tu és minha herança; eu amo a Ti; amo a Ti com toda a minha mente; amo a Ti. O que poderia significar para mim qualquer coisa que Tu me deres que não seja Tu?"

É isso que significa amar a Deus livremente, esperar por Deus em Deus, apressar-se para ser preenchido por Deus, para ser satisfeito n'Ele.

Sermão 334, 3

24 Setembro

Tu és o mais alto, excelente, onipotente, extremamente misericordioso e extremamente justo, o mais oculto e ainda assim intimamente presente, infinitamente belo e infinitamente forte, constante e ainda assim fugaz, imutável embora controles a mudança de todas as coisas.

Confissões I, 4, 4

DEUS SUPERA TUDO

Entende e desfruta com sabedoria o que ouviste. Considera quão grande e maravilhoso isso é e pensa com ainda mais intensidade em Deus.

Ele supera toda luz e todo som, Ele supera todo significado e entendimento.

Sermão 28, 5

25 Setembro

Senhor, tem misericórdia de mim! Tu és o Médico, e eu estou doente; Tu és misericordioso, e eu necessito de misericórdia.

Confissões X, 28, 39

A DOENÇA DO MUNDO

Como suportaríamos se tão grande confortador não estivesse presente? A raça humana estaria gravemente doente, de Adão diretamente para o fim.

Desde o momento em que nascemos aqui, a vida é claramente uma enfermidade. Mas, no fim, ficaria mais grave, com uma possibilidade de um desvio na recuperação de doenças e, para alguns, em direção à morte. Desse modo, como a raça humana estava tão enferma, o grande Médico assumiu para Si o cuidado dos pacientes.

Sermão 346A, 8

26 Setembro

Que peçamos em Ti, busquemos em Ti, batamos à Tua porta. Somente assim receberemos, somente assim encontraremos, somente assim a porta será aberta para nós.

Confissões XIII, 38, 53

A PORTA DO SENHOR

É na porta do Senhor que deves bater, onde sua casa descansa com Ele. Deves bater orando, pedindo, insistindo. Ele não é como aquele amigo na parábola que somente acordará e lhe dará quando não aguentar mais o barulho. Ele realmente quer dar.

Enquanto estiveres batendo, ainda não recebeste. Continua batendo; Ele quer dar.

Sermão 105, 3

27 Setembro

Imploremos a Deus que o coração seja desperto e limpo por dentro, pois é dentro do coração que esse pedido é feito ao próprio Deus.

Sermão 11, 11

ABANDONAI O MUNDO, ANTES QUE ELE VOS ABANDONE

Que vossos corações e mentes mirem em Deus. Não vos decepcioneis. Quando as coisas vão bem para vós neste mundo, é hora de interrogar-vos, hora de perguntar-vos se amais este mundo ou não.

Aprendei como abandoná-lo antes que ele vos abandone. O que quero dizer com "abandonar"? Não o amar com todo o vosso coração.

Sermão 125, 11

28 Setembro

Faz-me possuir-Te, ó felicidade eterna de nossas mentes e corpos: para ver e sentir a Ti no centro do meu coração, ó vida bem-aventurada e inefável doçura da minha alma.

Solilóquios 1, 1

VIVAMOS COMO EXILADOS

O Senhor sempre está no alto; faz bom uso de tuas asas. Acredita no que ainda não podes ver, de modo que possas merecer o direito de ver aquilo em que acreditas.

Vivamos como os exilados; pensemos em nós mesmos como transeuntes que passam, e pecaremos menos.

Sermão 301, 9

29 Setembro

Ó meu Deus, quão maravilhosamente profundas são as Tuas Escrituras! Olhar para essas profundezas faz-me estremecer, mas um tremor de maravilhamento, um tremor de amor.

Confissões XII, 14, 17

FICA COM A CARIDADE

Se não há tempo ou calma para percorrer todas as páginas sagradas, para folhear todo o volume de palavras que elas contêm, para penetrar todos os segredos das Escrituras, fica com a caridade, da qual todo o resto depende.

Sermão 350, 2

30 Setembro

Pedimos por aquilo que possamos possuir para sempre, aquilo que fará com que nunca mais sejamos necessitados. Tenhamos fome e sede, a fim de que possamos ser preenchidos por aquilo que pedimos.

Sermão 61

O PÃO DOS ANJOS

É do ser humano que vive esta vida mortal, ter fome e sede de justiça. Mas ser preenchido de justiça pertence àquela outra vida.

Os anjos se fartam desse Pão, dessa comida; o ser humano, no entanto, faminto por Ele, estica-se; ao esticar-se, amplia-se; ao ampliar-se, aumenta sua capacidade; ao aumentar sua capacidade, será preenchido no tempo devido.

Sermão 400, 1

1 Outubro

Pedimos por aquilo que possamos possuir para sempre, aquilo que fará com que nunca mais sejamos necessitados. Tenhamos fome e sede, a fim de que possamos ser preenchidos por aquilo que pedimos.

Sermão 61

É A CAUSA, E NÃO A PUNIÇÃO, QUE FAZ O MÁRTIR

Escolhe a causa, e não precisarás te preocupar com a punição. Mas, se não escolheres a causa certa, encontrarás punição tanto neste como no próximo mundo.

Não te deixes confundir pelas penalidades submetidas aos malfeitores, aos sacrílegos, aos opositores da paz e aos inimigos da verdade. Eles não estão morrendo pela verdade, mas é para impedir que a verdade seja proclamada.

Sermão 325, 2

2
Outubro

Ó Verdade, Teus melhores servos têm menos interesse em ouvir de Ti o que querem e mais em querer o que ouvem de Ti.

Confissões X, 26, 37

NÃO PROCURES CULPADOS

Tu, a pessoa encarregada de teu próprio lar, és injusta e insensatamente culpabilizada por alguém que ignora tuas razões e teus planos. E ainda tens a coragem de atribuir culpa Àquele que é encarregado do mundo inteiro, o Criador do céu e da terra, porque o vento soprou e murchou as videiras ou porque um nuvem carregada surgiu e se derramou em granizo?

Não procures culpados. Ele sabe controlar e gerenciar todas as Suas obras.

Sermão 15A, 8

3 Outubro

Tu, ó Senhor, és doce; ensina-me em Tua doçura!
Só aprenderei como agir se me ensinares em Tua doçura.

Sermão 153

VIVEI BOAS VIDAS E MUDAREIS OS TEMPOS

Vivei boas vidas e, ao viverdes boas vidas, mudareis os tempos. Mudareis os tempos e, então, não tereis nada sobre o que resmungar.

O que, afinal, são os tempos, meus queridos irmãos e irmãs? O espaçamento e o desenrolar das eras.

Sermão 311, 8

4 Outubro

O que diz aquele que ama a Deus? Engrandece ao Senhor comigo! Não estarei sozinho ao engrandecer ao Senhor, não estarei sozinho ao amá-Lo, não estarei sozinho ao abraçá-Lo.

Salmos 33, 6

A BOA VIDA

O que é uma boa vida? Amar a Deus com todo o teu coração, alma e mente, e amar teu irmão e tua irmã como a ti mesmo.

Então, amemos ao nosso Deus e amemos uns aos outros em Sua unidade, para que, quando Cristo, o nosso Senhor, em pessoa, vier, possamos dizer: "Senhor, com a Tua ajuda fizemos o que ordenaste; que pelo Teu favor gracioso possamos receber o que Tu prometeste."

Sermão 154A, 6

5 Outubro

Concede a nós teu Cristo; deixa-nos conhecer teu Cristo e ver teu Cristo, assim como os anjos olham para Ele e se alegram.

Salmos 84

A FÉ VERDADEIRA É ESPIRITUAL

A fé verdadeira é espiritual; é acreditando que teu Senhor é teu protetor no tempo presente que poderás alcançar o que está além deste tempo.

É acreditando que viverás a vida dos anjos, não em corrupções carnais, não em prazeres e excitações, não em fornicação e em embriaguez e no desfrute de deleites carnais, não no orgulho do poder terreno, mas apenas o tipo de vida que vivem os anjos.

Sermão 4, 3

6 Outubro

Não temos necessidade das orações uns dos outros? Pois orações recíprocas são inspiradas pela caridade e são perfumadas e agradáveis a Ti, ó Senhor.

Sermão 13

AQUIETA TEU CORAÇÃO

És um amante da paz? Aquieta teu coração em teu Amado. "E o que devo fazer?" Há muito que podes fazer. Para de discutir e vai orar.

Não devolvas o abuso àqueles que abusam de ti, mas ora por eles. Queres falar contra eles? Em vez disso, fala a Deus sobre eles.

Sermão 357, 4

7 Outubro

Libertemos nossos corações de todo veneno, chamando pelo nome do Salvador.

Credo aos catecúmenos

ESCUTA AS PALAVRAS QUE SAEM DA TUA BOCA

Presta atenção nas palavras que saem da tua boca. Ouve não a mim, mas a ti mesmo. Nota a quem dizemos “Nosso pai, que estás no céu”.

Não é somente um amigo, somente um vizinho, mas ao único e verdadeiro que o dizemos e que nos ordena a buscar concordância. Juntos, na presença do Pai, temos uma só voz; por que juntos não temos uma única paz?

Sermão 357, 4

8 Outubro

Abre o meu coração, Tu que és chamado a chave de Davi, que reinas soberano sobre nossos corações e que os abres quando agradam a Ti.

Solilóquios VII, 2

A FONTE NÃO SE FECHARÁ SE O CORAÇÃO ESTIVER ABERTO

Por que ficares em busca de ouro em jornadas tão laboriosas? Em vez disso, ama estas outras riquezas e sê preenchido delas imediatamente. A fonte delas não se fechará se teu coração estiver aberto.

O coração se abre pela chave da fé: abre-se e limpa o local em que o colocas. Não penses em ti mesmo como exíguo e estreito. Tuas riquezas, teu Deus, quando Ele vier, serão ampliadas e te ampliarão.

Sermão 117, 4

9 Outubro

Ouve a minha oração, ó Senhor; não deixes que minha alma desfaleça debaixo da Tua disciplina, nem me deixes falhar em relatar a Ti as Tuas misericórdias.

Confissões I, 15, 24

MISERICÓRDIA

Talvez possas encontrar um pobre que não precise do patrimônio do rico, mas certamente não encontrarás um rico que não precise também do patrimônio do pobre. Foi o patrimônio do pobre que Jó perdeu quando foi ferido com terríveis chagas da cabeça aos pés.

Ainda assim, ele não intentou atribuir loucura a Deus e, na dificuldade, a ser desagradável a Deus. Ele sempre agradou a Deus.

Sermão 359A, 6

10 Outubro

Estou em apuros aqui embaixo enquanto Tu habitas acima, ó Deus. Se eu me exaltar, Tu permanecerás distante; mas, se eu me humilhar, Tu baixarás Teu ouvido para me escutar.

Salmos 101

AQUELES QUE SE PROSTRAM DIANTE D'ELE SERÃO ERGUIDOS

Todo aquele que se recusa a se humilhar em arrependimento não deveria pensar que pode chegar perto de Deus. Afinal, uma coisa é se erguer diante de Deus; outra é se erguer contra Deus.

Os que se prostram diante d'Ele são erguidos por Ele; os que se erguem contra Ele são prostrados por Ele.

Sermão 351, 1

11 Outubro

Contempla-me aqui diante de Ti, ó meu Deus; vê que não estou mentindo. Meu coração é como a minha fala.

Confissões XI, 25, 32

ELEVAI VOSSOS CORAÇÕES

Asseguremo-nos de não ouvirmos as palavras "Elevai vossos corações" sem propósito. Por que depositar nossos corações na terra, quando podemos ver como a terra tem sido colocada de cabeça para baixo?

Tudo que posso fazer é incentivar-vos a depositar vossos corações onde dissestes que iríeis depositá-lo e dar uma resposta para vossa esperança àqueles que zombam e blasfemam contra vós por carregar o nome de Cristo.

Sermão 105, 11

12 Outubro

Necessitado e pobre eu sou, ó Senhor, mas eu sou a melhor pessoa para reconhecer isso e lamentar em segredo e buscar a Tua misericórdia, até que meu ser imperfeito seja levado à perfeição em uma paz que os olhos do arrogante nunca conhecerão.

Confissões X, 38, 63

O PRÓPRIO DEUS É NOSSA RECOMPENSA

O próprio Deus será nossa recompensa, sem o qual os ricos são apenas miseráveis e com quem os pobres são superabundantemente ricos.

O que, afinal, os ricos possuem se não possuem Deus? O que os pobres não possuem, se possuem Deus?

Sermão 350C, 2

13 Outubro

Quão grande é a abundância da bondade que Deus guarda para aqueles que O temem, a qual Ele aperfeiçoa para aqueles que esperam n'Ele!

Sermão 194, 3

O QUE CONQUISTA A VISÃO É A FÉ

Crer é uma coisa, ver é outra. O que conquista a visão é a fé; a recompensa da fé é a visão. Por que buscar a recompensa antes do trabalho? Então crê e caminha na fé. Tua salvação está na esperança.

Sermão 97A, 2

14 Outubro

Ó Deus, em Tua misericórdia, permite que eu seja abalado todos os dias!

Sermão 16A, 12

A TRIBULAÇÃO PRODUZ PACIÊNCIA

Que Deus, em Sua misericórdia, permita que sejamos estremecidos todos os dias, ou tentados ou testados ou que passemos por provações, a fim de que possamos progredir.

"A tribulação produz paciência; a paciência produz aprovação; e a aprovação produz esperança. Quanto à esperança, ela não nos deixa cair."

Sermão 16A, 12

15 Outubro

O Senhor diz a ti: "Contempla-Me aqui. O que desejas? O que queres de mim? Tudo que posso dar é muito menos do que Eu Sou. Possui-Me, desfruta-Me, abraça-Me."

Salmos 3, 9

O QUE VIVE EM TEU CORAÇÃO?

Questionemos a caridade divina e apresentemos a ela os dois tipos de caridade humana. A pessoa que escolhe permanecer com o amor humano legítimo não permanece com o tipo ilegítimo. Se tens ambos os tipos, admitindo em teu interior o amor a uma meretriz, estás fazendo mal à caridade divina que vive aí.

Assim, trarás o amor a uma meretriz para viver em teu coração ao lado do amor a Deus, de modo a ofender a honra do Sangue de Cristo?

Sermão 349, 4

16 Outubro

Pela Tua misericórdia, ó Senhor, anseio que Tu sejas para mim mais doce do que todas as seduções que eu perseguia. Tu me capacitaste a amar a Ti com toda a minha força e, com um desejo apaixonado, segurar a Tua mão, para que Tu me socorresses de toda tentação até o fim da minha vida.

Confissões I, 15, 24

AMAREI A TI, SENHOR

Todos devem dizer na tribulação: "O Senhor é minha força" e "Eu amarei a ti, Senhor, minha força". O amor em si é força ou coragem.

Isto é, se realmente sabes como amar, consegues suportar toda e qualquer coisa por aquilo que amas.

Sermão 299E, 1

17 Outubro

Tem piedade de mim e mostra-me a Tua bondade; põe Teu poder em ação para produzir a vida divina em minha alma.

Solilóquios VI, 2

PERDE A TUA ALMA POR AMOR

Tu amas a tua alma? Perde-a. Mas dirás a mim: "Como posso deliberadamente perder algo que amo?"

Exatamente por amar a vida, derrama a tua vida. Exatamente por amar a tua alma, perde-a. Pois, quando a perderes por amor a Deus no tempo presente, irás encontrá-la no tempo que está por vir na vida eterna. Então, exatamente por amar a vida, derrama-a.

Sermão 313D, 2

18 Outubro

Que a Tua vontade seja feita em mim e por mim; que eu nunca resista à Tua vontade, e que não haja barreira entre nós.

Sermão 56

DEVEMOS TUDO A CRISTO

É a Cristo que devemos o fato de sermos, de vivermos, de entendermos, de sermos humanos, de termos vivido boas vidas, de termos entendido as coisas corretamente: devemos tudo a Ele.

De nós mesmos, não temos nada senão pecado.

Sermão 176, 6

19 Outubro

Ó Senhor, meu Deus, que a Tua misericórdia me conceda anseio, um anseio não apenas por mim, mas para servir aos irmãos e irmãs que carinhosamente amo.

Confissões XI, 2, 3

BUSCA A CARIDADE

Busca a caridade, o elo doce e salutar de nossas mentes, sem o qual os ricos são pobres e com o qual os pobres são ricos.

A caridade resiste na adversidade, é moderada na prosperidade, corajosa no sofrimento, alegre nas boas obras, confiável na tentação, acolhedora na hospitalidade, tão feliz quanto pode ser em meio a verdadeiros irmãos e irmãs, tão paciente quanto pode ser em meio aos falsos.

Sermão 350, 2

20 Outubro

Agora entendo, ó Fonte de todo o bem, a extensão da minha malícia quando abandonei e esqueci a Ti.

Solilóquios V, 5

CONFESSA TEUS PECADOS

Uma prova apareceu, a raiva se infiltrou, o temperamento assumiu o controle de tal forma que não apenas o sangue está fervendo, mas a língua está cuspindo insultos e acusações.

Não vês que isso já está te arremessando contra as rochas? Vê, pelo amor de Deus, e corrige! Diz "Eu errei"; diz "Eu pequei". Não morrerás se o disseres; mas certamente morrerás se não o disseres.

Sermão 17, 6

21 Outubro

Que agradecimento renderei a Ti, ó Senhor, por iluminar para mim, com a Tua luz, as profundezas da miséria e do vazio nos quais fui lançado pelo pecado?

Solilóquios V, 5

QUANDO PERDOAMOS, TAMBÉM SOMOS PERDOADOS

Sigamos e continuemos orando para que Deus perdoe; mas façamos o que está escrito: que também devemos perdoar nossos próprios devedores. Quando perdoamos, também somos perdoados.

Podemos repetir isso todos os dias, e isso pode acontecer conosco todos os dias.

Sermão 181, 8

22 Outubro

Onde estás, ó Beleza tão oculta e invisível, para que eu possa tornar conhecidas a Ti minhas feridas e os desejos do meu coração? Pois nunca estarei inteiramente satisfeito até que eu veja a Ti face a face.

Solilóquios I, 6

OLHA PARA O ALTO E VÊ A BELEZA DE DEUS

Olha para o alto e observa a diferença que existe entre teu dinheiro e teu Deus. O sol no céu é mais belo que teu dinheiro, e mesmo assim o sol não é teu Deus. Do mesmo modo, se a luz do sol é mais bela que teu dinheiro, quão mais belo Ele deve ser, se essa luz foi feita por Ele?

Sermão 399, 10

23 Outubro

Senhor, quando eu finalmente me agarrar a Ti com todo o meu ser, não haverá mais luto ou labuta. Minha vida será viva, cheia de Ti.

Confissões X, 28, 39

ANSEIA POR VIDA

Anseia por vida e amor para ver os bons dias em que não haverá noite; a vida na qual não há dia vil para temer; bons dias nos quais a vida nunca terá fim.

Mas, se amas essa recompensa, tem cuidado para não recusar o trabalho que produz essa recompensa. Alcança essa paz, buscando-a. Busca-a com tuas mãos na noite diante de Deus, e não serás desapontado.

Sermão 16, 5

24 Outubro

Clamemos a Cristo que passa, não com nossas palavras, mas com nossas obras.

Sermão 349, 5

CUIDEMOS DE CRISTO

Cuidemos de Cristo. Ele está conosco naqueles que são Seus; Ele está conosco em nós mesmos. Não foi sem propósito que Ele disse: "Contemplai, estarei sempre convosco até a consumação do mundo."

Ao fazer esse tipo de coisa, reconhecemos Cristo nas boas obras, com o coração, não com o corpo; não com os olhos do corpo, mas com os olhos da fé.

Sermão 239, 7

25 Outubro

E toda a minha esperança não está senão na imensidão da Tua misericórdia. Concede-me o que ordenas e ordena-me o que queres.

Confissões X, 29, 40

TRANSPORTAI O DESEJO PARA O LUGAR AONDE DEVES IR

Há outra vida, meus irmãos e irmãs; há, acreditai, outra vida após esta vida. Preparai-vos para isso; sede indiferentes a tudo que a vida presente tem a oferecer.

Se fordes presenteado, fazei o bem. Se não fordes, não vos queimais com desejos egoístas. Transporta, transfere-os para além. Deixai o que tendes aqui elevar-se para onde estais indo.

Sermão 311, 15

26 Outubro

A misericórdia que Tu mostras aos santos, ó Senhor, é celestial, não terrena; é eterna, não passageira. E como Tu fizeste para que conhecêssemos isso? Em Tua verdade, que alcança até as nuvens.

Salmos 35, 8

CRISTO SEMEADOR

Cristo semeava, e a Igreja brotou. O grão caiu; o grão tornou a subir; e o grão ascendeu ao céu. Agora, há uma multidão de grãos.

Sermão 335E, 2

27 Outubro

Enquanto estamos ausentes, nossa casa não desmorona em ruínas, pois nossa casa é a Tua eternidade.

Confissões IV, 16, 31

ESPERANÇA CRISTÃ

Enquanto estivermos neste mundo, se tomarmos cuidado em manter nossos corações no alto, o fato de estarmos aqui embaixo não será uma desvantagem.

Estamos aqui embaixo, afinal, nesta carne. Então, ao fixar nossa esperança no alto, nós a estabelecemos como uma âncora em solo firme.

Sermão 359A, 1

28 Outubro

Por que, Senhor, tendo nos preenchido com o desejo de ver a Ti, pela Tua graça, Tu te escondes de nossos olhos?

Solilóquios I, 6

COMO AMAREMOS QUANDO VEMOS?

Amor expresso em desejo é uma coisa; amor satisfeito pela vista é outra. Quero dizer, vós amais tanto quando desejais como quando vedes. Pois vosso amor quando desejais é destinado à chegada; e vosso amor quando vedes é destinado à permanência.

Agora, se o desejo dos santos queima com tanta força quando é atiçado pela fé, como será quando alimentado pela visão? Se amarmos desse modo quando acreditamos no que ainda não podemos ver, como amaremos quando virmos de verdade?

Sermão 359A, 2

29 Outubro

Quão oculto Tu estás, habitando no alto em
Teu silêncio, grande e único Deus.

Confissões I, 18, 29

ELE SERÁ EXALTADO

Não penses que aquele que se humilha permanece sempre prostrado, pois está escrito "ele será exaltado". E não suponhas que essa exaltação ocorrerá diante dos olhos dos seres humanos e através de qualquer ação ou elevação terrestre.

Vê, após dizer "Bem-aventurado é aquele cujo sustento vem de Ti, Senhor", Ele foi acertar as coisas e mostrar a imponência espiritual de ser levado para cima.

Sermão 351, 1

30 Outubro

Ouve teu Rei dizer: "Tu desejas vir até Mim, mas teus fardos penosos te impedem. Vem até Mim. Eu ofereço perdão pelos pecados do passado; Eu tirarei o fardo pesado de teus ombros."

Sermão 164, 4

CRISTO NO CÉU, CRISTO NA TERRA

Observa o afeto amoroso dessa nossa Cabeça. Ele já está no céu e se aflige aqui na terra enquanto Sua Igreja se afligir aqui.

Cristo tem fome e sede aqui; Ele está nu; é um migrante; está doente; está na prisão. Vê, tudo que seu corpo sofrer, Ele também sofre.

Sermão 137, 2

31 Outubro

Tu és refúgio para criar e dirigir Teus filhos, ó Senhor. E Tu nos dá bons presentes. Pois Tu nos tratas gentilmente para que não desmaiemos ao longo do caminho e nos reprovas para que não desviemos do bom caminho.

Sermão na montanha 55, 6

"SEM MIM, NADA PODES FAZER"

Que nosso caminho nos leve ao Senhor. O caminho é estreito, espinhoso e áspero; mas, com a passagem de tantos pés maravilhosos, tornou-se suave.

O Senhor caminhou nele primeiro; os apóstolos passaram sem temor; depois deles, os mártires, rapazes, mulheres, moças. Mas quem estava com eles? "Sem Mim, nada podes fazer."

Sermão 295, 8

1 Novembro

Ajuda-me, ó minha Força, pois somente em Ti posso ressuscitar; ajuda-me, ó infinita virtude, pois somente Tu podes me sustentar; vem até mim, ó Luz, pois só Tu és capaz de curar-me da minha cegueira interior.

Solilóquios II, 10

RESSUSCITAR NO PRÓPRIO CORAÇÃO

Todos nós temos olhos com os quais poderemos ver os mortos ressuscitarem, do mesmo modo que o filho da viúva ressuscitou. Nem todos, contudo, têm os meios para ver aqueles que morreram no coração ressuscitarem de novo.

Para ver isso, precisas já ter ressuscitado no teu próprio coração. Há mais em criar alguém para viver para sempre do que em criar alguém que apenas morrerá novamente.

Sermão 98, 1

2 Novembro

Tu, Senhor, o feitor de todas as coisas, ordena-me louvar-Te nelas e confessar-me a Ti e cantar o Teu Nome.

Confissões I, 7, 12

AS CORRENTES DA ALMA

Há muitas correntes que seguram a alma nesta vida: o amor à riqueza, o amor ao poder, o amor ao afeto, o amor à pátria, o amor à sua própria terra, o amor a este dia, o amor a qualquer tipo de vida simplesmente porque é vida.

Assim, enquanto é impedida por essas correntes, vem a prova de fogo: se confessar Cristo, então todas serão quebradas.

Sermão 335E, 3

3 Novembro

Que minha oração chegue aos Teus ouvidos;
minha oração retorcida em mim, quase extorquida
de mim, por causa de meu anseio pelas
Tuas bênçãos eternas, meu Deus!

Salmos 53

CRIAR PARA A VIDA ETERNA

Deus Pai e a Mãe Igreja não criam tendo a morte como fim. Eles criam para a vida eterna, pois Eles mesmos são eternos.

E temos a vida eterna como a herança prometida a nós por Cristo.

Sermão 22, 10

4 Novembro

Oremos com todo o nosso coração para que possamos viver o tipo de vida que nos qualificará para compartilhar o reino celestial.

Sermão 56

VIVEI COM CRISTO EM SEUS CORAÇÕES

Se os cristãos quiserem praticar o que já sabem bem terem professado publicamente, e se alguém entre vós realmente quiser elevar seu coração, então é ali, é ali que deveis depositar o que amais.

Baseados na terra em vossa carne, vivei com Cristo em vossos corações. E, assim como a Igreja foi precedida no céu por sua Cabeça, que os cristãos sejam precedidos por seus corações.

Sermão 86, 1

5 Novembro

Escuta e tem misericórdia, meu Senhor e Deus; ó luz dos cegos e força dos fracos, escuta a minha alma, escuta-me quando clamo das profundezas.

Confissões XI, 2, 3

ESPERAI EM DEUS E NÃO TEMAIS

Segurai-vos no Deus que vos criou. Segurai-vos n'Ele; repousai n'Ele; clamai por Ele; deixai que Ele seja vossa força. Dizei a Ele: "Em Ti, Senhor, está a minha força."

E, em resposta às ameaças humanas, vós cantareis; e o próprio Senhor vos diz o que deveis cantar ao final de tudo: "Em Deus esperarei; não temerei o que um mero mortal pode me fazer."

Sermão 97, 4

6 Novembro

Quando não tínhamos nenhuma vida, Tu foste nosso refúgio para que pudéssemos nascer. Quando fomos vis, Tu foste nosso refúgio para que pudéssemos nascer renovados. Tu és um refúgio para o sustento daqueles que abandonaram a Ti.

Sermão na montanha 55, 6

PÕE O EVANGELHO À FRENTE

Põe o Evangelho à frente; com tua boca, espalha as sementes que concebeste em teu coração.

Que as nações ouçam, que as nações acreditem, que as nações floresçam em um crescimento exuberante, que uma noiva nasça em um berço de ouro para o Senhor.

Sermão 116, 7

7 Novembro

Retornemos agora a Ti, ó Senhor, para não sermos anulados. Intocáveis, nossos bens permanecem em Ti, pois Tu és nosso bem.

Confissões IV, 16, 31

DEUS NÃO RESERVA NADA ESPECIAL PARA OS BONS?

Benefícios do céu, benefícios da terra; as nascentes brotam, os campos são férteis, as árvores estão carregadas de frutos. O bom desfruta dessas coisas; o mau também. O grato desfruta delas; o ingrato também.

Se Deus concede tais bênçãos do mesmo modo aos bons e aos maus, achas que Ele não reserva nada especial para os bons?

Sermão 317, 1

8 Novembro

Tu me libertaste, ó Senhor, pois meus olhos estão fixos em Tua misericórdia. Estou miseravelmente preso, mas Tu me libertas com misericórdia.

Confissões X, 34, 53

É TEMPO DE MISERICÓRDIA

Desprezai o tempo da misericórdia, e o tempo do julgamento virá. Porque vós tendes cantado na igreja: "Misericórdia e julgamento eu cantarei a Ti, ó Senhor." Agora é o tempo da misericórdia, o tempo de nos corrigirmos; o tempo do julgamento ainda não veio. Há espaço, há lugar. Nós pecamos; que nos corrijamos.

A jornada ainda não acabou, o dia ainda não chegou a um fim, ainda não demos nosso último suspiro. Não há necessidade de desespero.

Sermão 17, 5

9 Novembro

Tu nos fizeste para Ti, ó Senhor, e nossos corações não descansarão até encontrarem descanso em Ti.

Confissões I, 1, 1

AS LÁGRIMAS DEVEM SER ENXUGADAS PELA ALEGRIA DA FÉ

É perfeitamente normal que corações amorosos lamentem a morte de seus entes queridos, mas com um lamento que será aliviado; e que derramem lágrimas que são próprias da nossa condição mortal, mas que também estão prontas para serem consoladas.

Estas devem ser rapidamente enxugadas pela alegria da fé com a qual acreditamos que, quando os fiéis morrem, afastam-se de nós apenas por um breve momento e passam para coisas melhores.

Sermão 172, 3

10 Novembro

Louvor seja dado a Ti, glória seja dada a Ti,
ó fonte de toda misericórdia!

Confissões VI, 16, 26

O LOUVOR DO CÉU

Toda a nossa atividade no céu consistirá em Amém e Aleluia. Não é com sons fugazes que diremos Amém e Aleluia, mas com a afeição da mente e do coração.

Afinal, o que significa Amém, e o que significa Aleluia? Amém: "É verdade"; Aleluia: "Louvado seja Deus."

Sermão 362, 29

11 Novembro

Estas são as Tuas promessas, Senhor, e quem precisa temer ser desapontado pelas promessas da própria verdade?

Confissões XII, 1, 1

ESPERA NA PROMESSA

Espera nas promessas do Senhor nosso Deus e agora conta, do enorme número de Suas promessas, quantas Ele pagou. Cristo ainda não tinha nascido; Ele já estava prometido nas Escrituras. Ele pagou; Ele nasceu.

Ele ainda não tinha sofrido; Ele ainda não tinha ressuscitado; isso também Ele pagou; Ele sofreu, foi crucificado e ressuscitou. Sua Paixão é nossa recompensa; Seu Sangue é nossa redenção.

Sermão 113A, 9

12
Novembro

Que a alma que está perdida de Ti entenda se ainda tem sede de Ti, se suas lágrimas já se tornaram seu pão de cada dia; se ainda tem um apelo a fazer a Ti, para que possa habitar em Tua casa todos os dias de sua vida.

Confissões XII, 11, 13

A BREVIDADE DA VIDA

Toda a vida humana é breve. Da infância à idade decrépita, tudo é breve. Se Adão ainda estivesse vivo e então morresse hoje, que uso teria havido esse tempo de vida para ele?

Chegamos a isto: esse dia é incerto.

Sermão 17, 7

13 Novembro

Que todo aquele que tem a aptidão ouça a Tua palavra. Quão magníficas são Tuas obras, ó Senhor! Na sabedoria Tu criaste todas as coisas.

Confissões XI, 9, 11

DEUS NÃO ESTÁ DECEPCIONADO COM O QUE FEZ

Deus se decepcionou com nossas vidas e se decepcionou com cada coisa que fizemos de nós mesmos, mas não se decepcionou com o que fez em nós.

Assim, Ele condenará o que fizemos, mas o que Ele fez será salvo. Ele condenará nossas ações vis e nos salvará de nós.

Sermão 23A, 1

14 Novembro

Alegra-te, diz o Senhor, porque Eu estou contigo, e reconhece que tu estás comigo. Contempla-Me como teu refúgio e força.

Sermão 5

VITORIOSO COM CRISTO

Lembra-te, tens um comandante que já te precedeu no céu. Ele te deu um caminho para seguir, então vá direto para Ele. O que quer que ganhes, não sejas orgulhoso e não o atribuas a ti mesmo, embora tenhas empregado tua própria força na dificuldade.

Em vez disso, crê n'Ele, que te deu força para vencer porque Ele próprio obteve a vitória sobre o mundo.

Sermão 4, 37

15 Novembro

Vem, Senhor, desperta-nos e chama-nos de volta, acende-nos e segura-nos, prova a nós quão doce Tu és; permite-nos amar e correr para Ti.

Confissões VIII, 4, 9

QUEM REALMENTE SOMOS

Escolhamos a cada dia saber quem realmente somos, caso, enquanto não temos cuidado no mundo, chegue finalmente o dia em que, daquilo que pensávamos ser, nada seja considerado real e seja dito em relação a nós: "No inferno, quem irá se confessar a Ti?"

Assim, trabalhemos duro todos os dias para progredir em direção a Deus.

Sermão 16A, 13

16 Novembro

Dá-nos as Tuas bênçãos eternas, Senhor, mas dá-nos também as coisas de que precisamos nesta vida passageira. Tu nos prometeste o reino do céu. Não recuses a nós a Tua ajuda em nossas necessidades terrenas.

Sermão 56

AMA A BOA VIDA

Todo aquele entre vós que ama a vida longa, ama a boa vida, em vez disso. Se desejas viver mal, uma vida longa não será um bem verdadeiro, mas um mal duradouro.

Então, por que não amar a vida o suficiente para querer que ela seja boa, visto que, mesmo quando ela é má, tu irias preferi-la a todas as tuas posses?

Sermão 16, 2

17 Novembro

Quão alto estás nas alturas do céu, quão profundo nas profundezas! De nenhum lugar Tu te ausentas, e mesmo assim nos voltamos tão tardiamente para Ti!

Confissões VIII, 3, 8

CRISTO SABE COMO RESTAURAR A VIDA

Os mortos estão sepultados na profundidade, mas Cristo está no alto. Ele sabe como se desvencilhar dos pesados fardos da terra com um brado.

Ele sabe como restaurar internamente para a vida através de Sua própria presença, como estender a mão para seus discípulos pela unidade. Então, que essas pessoas se arrependam.

Sermão 98, 7

18 Novembro

Que nossos corações subam com Jesus ao céu através da fé, da esperança e da caridade que nos une a Ele.

Sermão da ascensão

SOMENTE A CARIDADE IMPORTA

Nosso Senhor Jesus Cristo não escolheu, quando nos falou antecipadamente a respeito de seu julgamento que viria, advertir-nos de nada senão dos atos de caridade.

Não achas que aqueles à direita ouviram: "Pois vivestes em castidade, pois não roubastes a propriedade de outras pessoas, pois confessastes fé em mim a ponto de derramar vosso sangue"? Todas essas boas obras, afinal, devem necessariamente ser honradas no julgamento de Jesus Cristo.

Sermão 388, 1

19 Novembro

Bem ali há sólida esperança para mim n'Ele, que está assentado à Tua direita, meu Deus, e intercede por nós.

Confissões X, 43, 69

CRISTO, A CABEÇA E O CORPO

Visto que Ele é a Cabeça da Igreja, e a Igreja é Seu Corpo, Cristo inteiro é Cabeça e Corpo. Ele já ressuscitou. Então, nossa Cabeça está no céu.

Nossa Cabeça intercede por nós; nossa Cabeça, sem pecado e imortal, já está aliviando nossos pecados junto a Deus para que nós, também, quando ressuscitarmos no fim e formos transformados na glória celestial, possamos seguir nossa Cabeça.

Sermão 137, 1

20 Novembro

Não me desampares quando clamo a Ti, pois foi pela Tua ajuda prévia que clamei a Ti, e Tu me pressionaste insistentemente a ouvir a Ti de longe e me converter e passar a clamar a Ti, que me chamavas.

Confissões XIII, 1, 1

DEUS AMA SALVAR

A razão para muitas coisas serem guardadas para o julgamento enquanto outras são julgadas aqui e agora é o fato de que aqueles cujos casos são postergados podem temer e ser convertidos.

Pois Deus ama salvar, e não condenar, e, ademais, Ele é paciente com as pessoas más, de modo a torná-las boas.

Sermão 18, 2

21 Novembro

Tu, Senhor, fizeste-me habitar na esperança, pois Tu és imutável, e em Ti se encontra o descanso que não se lembra mais de Suas labutas.

Confissões IX, 4, 11

ESPERAI NA BONDADE

Vós, que sois pobres, esperai na bondade se quiserdes chegar, se quiserdes realmente saber que o que o Senhor escolheu foi a bondade e que não foram as riquezas que Ele condenou.

Lede sobre quem foi Abraão e descobri que ele era rico. O rico foi na frente e preparou a hospitalidade para o pobre. E é exatamente isso que encontrais no salmo: "todos juntos, ricos e pobres".

Sermão 20A, 9

22 Novembro

Louvemos ao Senhor com todo o nosso ser, não apenas com língua e voz, mas com consciência e vida e obras.

Salmos 148, 2

SEU LOUVOR ESTÁ SEMPRE EM NOSSAS BOCAS

Visto que todos temos boas coisas de Deus, em todas as nossas boas obras, quando pensamos no Doador de todas as boas coisas, louvamos a Deus sem cessar.

Mas quando, se vivemos boas vidas, louvamos a Deus sem cessar, bendizemos ao Senhor em todo tempo, e Seu louvor está, portanto, sempre em nossas bocas.

Sermão 114A, 12

23 Novembro

"Aproxima-te de mim pela fé, e tu irás te apegar a mim, e Eu aliviarei todos os teus fardos, para que possas ser inteiramente Meu", diz nosso Senhor.

Salmos 33, 9

O FARDO DAS RIQUEZAS

Considera que as riquezas não são um fardo maior que a pobreza para ti. Tu não tens a pobreza como um fardo, mas tens riquezas como um fardo. Um pobre carrega um fardo, tu carregas outro.

Carrega o dele junto com ele e deixa que ele carregue o teu contigo, de modo que vós acabeis carregando os fardos um do outro.

Sermão 164, 9

24 Novembro

Em oração pedimos que o reino de Deus venha até nós, que Ele reine supremo em nossos corações e que sejamos admitidos em Seu reino celestial.

Sermões 56; 59

DEUS FICA FELIZ EM VIR

Deus não é grande demais para vir; Ele não é exigente nem tímido; Ele não é tão orgulhoso. Pelo contrário, Ele fica feliz em vir se não o desagradares.

Ouve a promessa que Ele faz, ouve-O prometer com prazer, não ameaçando com desprazer: "Iremos até ele, Eu e o Pai."

Sermão 23, 6

25 Novembro

Agrada-te do Senhor, e ele satisfará os desejos do teu coração. Entrega o teu caminho ao Senhor, confia nele, e o mais ele fará

Salmos 37, 4

OUVE A PROFECIA, VÊ SEU CUMPRIMENTO

Era uma vez, o povo cristão não estava espalhado pelo mundo. Era possível vê-lo em profecias, mas não o ver na terra. Agora, pode-se tanto ler sobre ele como vê-lo.

A Igreja em si foi tratada nesse sentido. Não foi dito "Vê, filha, e ouve", mas "Ouve e vê"; ouve-a profetizada, vê-a cumprida.

Sermão 110, 4

26 Novembro

Ó, meu Curador interior, que meu coração esteja atento à Tua amorosa misericórdia e à Tua graça gentil, através das quais toda alma fraca que conheça sua própria fraqueza se fortaleça.

Confissões X, 3, 4

A CURA DE DEUS

Um médico às vezes comete um erro, mas Deus nunca o faz. Assim, se te confias a um médico que às vezes pode cometer erros, estás entregando-te a um tratamento humano. E tu não vais permitir que Deus corte, arranque fora alguns dos teus lucros se, por meio disso, puderes aprender uma lição?

Portanto, irmãos e irmãs, sede retos de coração; isto é, não vos aborreçais com Deus por absolutamente nenhum motivo.

Sermão 15A, 8-9

27 Novembro

Tu, Senhor, permaneces para sempre e não ficarás irado conosco para sempre, pois tiveste piedade de nós, que somos terra e cinzas.

Confissões VII, 8, 12

DOR FRUTÍFERA

Não temos motivos para procurar culpa com Deus. Não teremos nada a dizer contra Ele quando Ele vier julgar.

Pensemos sobre nossos próprios pecados e corrijamo-nos agora, enquanto ainda há tempo. Tenhamos uma dor frutífera, e não um arrependimento estéril.

Sermão 22, 6

28 Novembro

Perseveremos no anseio até que a promessa se torne verdade e que o suspiro seja algo do passado e o gozo genuíno tome seu lugar.

Salmos 148, 1

ORA PELO CUMPRIMENTO DA JUSTIÇA

Não deveríamos orar por coisas mundanas que vão e vêm e desvanecem como a fumaça.

Aquilo pelo que deveríamos orar é o cumprimento da justiça e a santificação do Nome de Deus, não para tirar o que há de melhor no desejo e na ganância; não pelo sentido da carne, mas para domar a avareza. É sobre isto que nossas orações deveriam ser: ajudar-nos em nossas dificuldades interiores até que elas nos coroem em nossa vitória final.

Sermão 40, 7

29 Novembro

Deus clama a nós: ama-Me, e tu Me possuirás, pois tu não podes Me amar a menos que Me possuas.

Sermão 34

AMA, E TERÁS A DEUS

Tu não vês a Deus. Ama, e irás tê-lo. Quantas coisas são amadas em nossos desejos repreensíveis e não alcançadas!

Elas são avidamente procuradas, mas não são, por isso, imediatamente possuídas.

Sermão 34, 5

30 Novembro

Ó maravilhoso lar! Ó terra onde não há ansiedade; onde não há inimigos ou injúrias; onde viveremos em segurança e de onde nunca desejaremos partir, pois não há lugar mais seguro a ser encontrado.

Sermão 217

QUANDO CHEGARES, DESFRUTARÁS DE DEUS

Como um viajante, caminhas pela fé e pela esperança. Quando chegares, desfrutarás d'Ele, a quem amaste quando fizeste tua viagem.

Foi Ele quem encontrou a pátria nativa à qual te apressas em chegar. Ele enviou-te uma carta de lá para que não adiasses teu retorno de tuas viagens.

Sermão 22A, 4

1 Dezembro

Ó Força da minha alma, faz Teu caminho e molda-o a Ti, para que caiba a Ti tê-lo e mantê-lo, livre de manchas e dobras.

Confissões X, 1, 1

REPRESSÃO E PERSEVERANÇA

Assim como é tarefa da repressão não confiar no bem-estar do mundo, é tarefa da perseverança não sucumbir ao mal-estar do mundo.

Desse modo, estejamos muito bem ou estejamos muito mal, devemos esperar pelo Senhor, esperar que Ele nos dê o que é verdadeiramente bom e agradável e afastar de nós o que é verdadeiramente mau.

Sermão 38, 1

2 Dezembro

Há somente uma esperança, uma confiança, uma promessa sólida, ó Deus, e é a Tua misericórdia.

Confissões X, 32, 48

O QUE FOI PROMETIDO, FOI CUMPRIDO

Entende que Aquele que te fez promessas é verdadeiro e digno de confiança. Ele ainda não te mostrou tudo porque ainda não é hora de fazê-lo.

Mas Ele já te mostrou muitas coisas grandiosas. O que foi prometido foi cumprido; o que foi profetizado foi cumprido.

Sermão 38, 10

3 Dezembro

Permite a mim, Senhor, continuar buscando; ó esperança minha, que minhas intenções não fracassem.

Confissões XI, 18, 23

EM CRISTO, AS PROMESSAS SÃO VERDADEIRAS

Caminha através do estreito, mas seguro caminho que conduz aos espaços amplos da Jerusalém celestial, que é nossa mãe eterna.

Espera com uma convicção inabalável pelo que ainda não podes ver; aguarda pacientemente o que ainda não possuis; pois podes ter a tranquilidade com absoluta confiança de que em Cristo tens o único cujas promessas são verdadeiras.

Sermão 157, 6

4 Dezembro

Toma posse do Meu verdadeiro ser, diz o Senhor. Desfruta-Me, abraça-Me. Tu ainda não te integraste totalmente; agarra-Me pela fé e apega-Te a Mim.

Salmos 33, 2

PENSA EM QUANTO AINDA RESTA ATÉ QUE TERMINES A JORNADA

O que deves fazer é não pensar em quanto chão já percorreste.

Em vez disso, pensa em quanto ainda resta até que termines a jornada e possas relaxar em tua pátria, sendo elevado pelo Rei dessa pátria, que, por amor a ti, humilhou-se.

Sermão 16B, 3

5 Dezembro

A posse e a herança e o Corpo de Cristo, a única Igreja, essa unidade que somos nós, clama dos confins do mundo: "Ouve meu clamor, ó Deus; ouve a minha oração. Dos confins do mundo eu clamo a Ti."

Salmos 60

A HERANÇA

O corpo inteiro ainda não recebeu sua herança porque a Cabeça está no céu, e os membros ainda estão na terra. Nem a Cabeça receberá sozinha a herança, deixando o Corpo para trás.

Cristo inteiro receberá a herança, o homem inteiro, isto é, Cabeça e Corpo.

Sermão 22, 10

6 Dezembro

O que és tu para te tornares uma mãe? Como obtiveste e mereceste essa dádiva? Como esse imenso bem te foi dado? Ele, que fez a ti, foi feito em ti. Ele foi feito em ti por aquele a quem vieste a ser.

Sermão 291, 5

MARIA FOI MAIS QUE UMA DISCÍPULA DE CRISTO

A Virgem Maria não cumpriu o desejo do Pai? Quero dizer, ela acreditou pela fé, concebeu pela fé, foi escolhida para ser aquela de quem a salvação no seio da raça humana nasceria para nós, foi criada por Cristo antes de Cristo ter sido criado nela. A Santa Maria cumpriu o desejo do Pai.

E, portanto, significa mais para Maria ter sido uma discípula de Cristo do que mãe de Cristo.

Sermão 72A, 7

7 Dezembro

Ó Cristo, Tu que estás sentado à direita do Pai e ainda trabalha na terra através de Teus pés e membros; a nós Tu dizes "Qual é a tua esperança?".

Sermão 9

NÃO VENHAS À IGREJA SEM FRUTOS

Eu gostaria de alertar-te, amado, a não vir sem frutos à igreja, tendo ouvido tantas coisas boas e ainda não agido bem.

Em vez disso, seguindo a bondade do Semeador e as sementes, que são a palavra de Deus, deixa que uma colheita maravilhosamente abundante de boas obras brote em teu caráter e em tua vida, assim como em um bom solo.

Sermão 23A, 1

8 Dezembro

Resgata-me, Senhor, na justiça que é a Tua; a justiça que faz o ímpio ser devoto, o injusto ser justo, o cego ver claramente, o caído colocar-se em pé, e enlutados a seguir alegres em frente.

Salmos 30, 2

O QUE JESUS DESEJA NÃO É INJUSTO

Jesus veio como um pequeno para os pequenos, veio como um médico para os enfermos, Ele que veio quando foi preciso e voltou quando foi preciso: isso é justiça.

O que Ele deseja, certamente, não é injusto, nem pode ser justo o que Ele não deseja.

Sermão 126, 4

9 Dezembro

Meu Deus, preserva Teus dons em mim. Assim Tu irás me preservar também, e o que Tu me deste crescerá e alcançará a perfeição, e eu serei Contigo; pois a minha própria existência é Teu dom.

Confissões I, 20, 31

ESCOLHAS

O que teremos mais tarde é o que escolhemos aqui; e o que colheremos lá é o que plantamos aqui.

É por isso que, enquanto vivermos, devemos vigiar e escolher aquilo que vamos manter no futuro.

Sermão 97, 3

10 Dezembro

Tu me amaste mais do que a Ti mesmo, Senhor, pois nossa vida foi mais cara para Ti que a Tua própria e foi Teu desejo morrer para nos proteger da morte.

Solilóquios XIII, 4

ONDE HÁ HUMILDADE, HÁ MAJESTADE

Quem quer que se gabe "deve se gabar no Senhor". Cristo crucificado! Onde há humildade, há majestade; onde há fraqueza, há poder; onde há morte, há vida. Se queres estas coisas, não desdenhes daquelas.

Sermão 160, 4

11 Dezembro

Tu espalhaste a luz em mim e me deste alegria, ó Deus, ofereceste-te a Ti mesmo, amado e ansiado, para que eu pudesse me afastar em desgosto e escolher a Ti e não ser mais agradável a mim nem a Ti, exceto naquilo que eu tenho que vem de Ti.

Confissões X, 2, 2

O AMOR É A RAIZ DE TODAS AS COISAS BOAS

Porque Jesus trouxe o renovo da vida à ação contra a antiguidade da morte, Ele próprio estabeleceu um novo mandamento contra o velho pecado.

Qualquer um de vós, então, que desejes extinguir o velho pecado, elimina a ganância com o novo mandamento e abraça o amor. Assim como a ganância, vê, é a raiz de todos os males, o amor é a raiz de todas as coisas boas.

Sermão 350, 1

12 Dezembro

Ó Senhor, tem misericórdia de mim
e concede o que desejo.

Confissões XI, 2, 4

AGUARDA NO SENHOR

O que "Aguarda no Senhor" significa? Recebe somente o que Ele dá; não exijas que seja quando queres.

Ainda não é tempo de dar. Ele aguardou por ti; agora, tu aguardas por Ele.

Sermão 40, 1

13 Dezembro

Tu, Senhor, disseste a nós que estás conosco até a consumação do mundo.

Sermão 263A, 4

JEJUAR E BANQUETEAR-SE

O jejum representa as dores da disputa. A comida representa a esperança de paz, que não será perfeita até que nossos corpos, cuja redenção aguardamos, "revistam-se em imortalidade".

Ainda não desfrutamos dessa glória, mas já nos alimentamos da esperança nela. Enquanto atravessamos o caminho do Senhor, devemos jejuar da vaidade da era presente, na promessa da era que está por vir.

Sermão 263A, 4

14 Dezembro

Em meu Senhor, o Filho do Homem, Tua mão direita me sustenta para que eu seja liberto do que um dia fui e siga a Tua unicidade.

Confissões XI, 29, 39

A FÉ CATÓLICA

Se nosso Senhor Jesus Cristo não tivesse sido preparado para se tornar humano, a humanidade teria perecido. Ele se tornou o que fez, de modo que o que Ele fez não perecesse.

Verdadeiro Homem, verdadeiro Deus; Deus e Homem, o Cristo inteiro. Essa é a fé católica.

Sermão 92, 3

15 Dezembro

Ó lar feliz! Ó terra de segurança!
Que eu possa habitar lá em proteção!

Sermão 217, 2

CRISTO, NOSSO LAR E NOSSO CAMINHO

Cristo, enquanto Deus, é a pátria para a qual estamos indo; Cristo, enquanto Homem, é o caminho pelo qual estamos indo. É para Ele que estamos indo, e por Ele que estamos indo; por que tememos errar o caminho?

Agora, então, já tendo sofrido através daquela humilhação, já tendo morrido, já tendo sido sepultado, já tendo ressuscitado e ascendido ao céu, Ele está tanto lá, assentado à direita do Pai, como aqui, sofrendo provações em seus pobres.

Sermão 123, 3

16 Dezembro

Foste Tu, ó Senhor, que criaste os céus e a terra. São belos porque Tu és belo. São bons porque Tu és bom. Eles vieram a ser porque Tu és.

Confissões XI, 4, 5

O QUE O CRIADOR DEVE SER?

Tenho falado; o que eu disse chegou até vós e não saiu de mim. Alcançou a vós, mas não se separou de mim.

Eu sou uma criatura, vós sois criaturas; e muitas coisas maravilhosas ocorrem com a minha palavra, em meus pensamentos, em minha boca, em minha voz, em vossos ouvidos, em vossos pensamentos. O que o Criador deve ser?

Sermão 120, 3

17 Dezembro

Aperfeiçoa o Teu trabalho em mim, ó Senhor.
Tua voz é alegria para mim, ressoando acima
de uma inundação de alegrias.

Confissões XI, 2, 3

MOVENDO-SE

Se todos nós estamos nos movendo, desempenhemos algum trabalho que não possa ser movido, para que, quando tivermos nos movido e chegado aonde não nos moveremos mais, possamos encontrar nossas boas obras nos aguardando lá.

Cristo, o Senhor, é o guardião delas. Por que temes perder o que investiste com generosidade?

Sermão 111, 4

18 Dezembro

Tu, Senhor, evidentemente nos convidas a entender que a palavra em questão é aquela Palavra que é Deus, Deus contigo que é Deus; Ele é proferido eternamente, e através d'Ele são pronunciadas todas as coisas eternamente.

Confissões XI, 7, 9

A MARAVILHA DA PALAVRA DE DEUS

Aqui estou trazendo uma palavra para vós, e todos vós a tendes. Não é só que todos vós a tendes, mas que todos vós a tendes por inteiro. Alcançou todos vós; e foi alcançada por cada um de vós.

Minha palavra não é maravilhosa? Imaginai, então, o que deve ser a Palavra de Deus!

Sermão 120, 3

19 Dezembro

Abre meus ouvidos interiores com o poder da Tua palavra, de modo que eu possa ouvir Teus oráculos de sabedoria. Eles ouvirão a Tua voz quando Tu usares o poder da Tua palavra.

Solilóquios I, 2

COMO CRISTO SE FEZ CARNE E NÃO SE SEPAROU DO PAI?

Nós nos perguntamos como Cristo pôde assumir a carne, nascer de uma virgem e não se separar do Pai. Mas vede: aqui estou agora falando a vós; antes disso, eu estava pensando no que iria dizer a vós, e então havia uma palavra em minha mente. Quero dizer, eu não estaria dizendo isso a vós se não tivesse pensado primeiro.

Assim como a minha palavra assumiu um som para ser ouvida, a Palavra de Deus assumiu a carne para ser vista.

Sermão 225, 3

20 Dezembro

Como Tu nos amaste, ó bom Pai, que não poupastes nem mesmo Teu único filho, mas O deste por nós, que praticamos a iniquidade!

Confissões X, 43, 69

REDENTOR

Se não tivéssemos sido presos em cativeiro, não teríamos precisado de um redentor. Assim, Ele veio para os cativos não tendo sido capturado. Ele veio para redimir os cativos mesmo não tendo em Si nenhum traço de cativeiro, isto é, de iniquidade, mas pagando o preço por nós em sua carne mortal.

Vê, se Ele não tivesse uma carne mortal, onde a Palavra teria encontrado sangue para derramar pelos cativos?

Sermão 27, 2

21 Dezembro

Ó Senhor, dá-nos Teu Cristo; permite-nos conhecê-Lo e vê-Lo — e nos alegrarmos.

Salmos 84, 9

A PALAVRA TOMOU NOSSA ERVA PARA NOS TRANSFORMAR EM OURO

A Palavra de Deus tomou nossa erva para nos transformar em ouro. O Senhor sofreu por nós, foi sepultado, ressuscitou, ascendeu ao céu e está assentado à direita do Pai, não mais erva, mas agora ouro, intacto e indestrutível.

Então foi-nos prometida uma mudança, uma transmutação, e, embora ainda estejamos caminhando para essa transmutação, atravessaremos a fase da erva.

Sermão 113B, 2

22 Dezembro

Glória seja dada ao nosso Senhor. A Verdade, revestida em carne, veio e curou através de Sua carne o olho interior do coração, a fim de que mais tarde sejamos capazes de vê-Lo face a face.

Salmos 56, 17

POR AMOR A VÓS, A PALAVRA SE FEZ CARNE

Por amor a vós, a Palavra "se fez carne". Por amor a vós, Aquele que foi o Filho de Deus se fez o Filho do Homem, de modo que vós, que éreis filhos do homem, pudésseis ser transformados em filhos de Deus.

Ele era o Filho de Deus e se tornou o Filho do Homem. Vós éreis filhos do homem e vos tornastes filhos de Deus. Ele compartilhou conosco as nossas enfermidades e nos dará Seus bens.

Sermão 121, 5

23 Dezembro

Tu és o único, o eterno, a verdadeira substância,
ó Deus, em quem repousa a harmonia perfeita,
a caridade perfeita, a vida perfeita.

Solilóquios I, 1-3

MÃE DE DEUS

Jesus já era antes de ter sido feito e, sendo Todo-Poderoso, era capaz de ser feito ao mesmo tempo em que permanecia sendo o que era. Ele fez uma Mãe para si, mesmo enquanto permanecia no Pai e, quando foi feito de sua Mãe, permaneceu no Pai.

Como Ele poderia deixar de ser Deus ao se tornar Homem, se permitiu à Sua Mãe que não deixasse de ser Virgem quando lhe deu à luz?

Sermão 186, 1

24
Dezembro

Não busco agora bens terrenos, ó Deus, porque aprendi de Sua nova aliança que há coisas mais santas a desejar.

Salmos 137, 1-7

ESTÁ NA MANJEDOURA

A estalagem estava tão cheia que Ele foi envolto em farrapos e deitado em uma manjedoura. Aquele que preencheu o universo não pôde encontrar uma acomodação; deitado em um cocho, Ele se tornou nosso alimento.

Permite que os dois animais se aproximem da manjedoura, as duas pessoas. O boi, vê, reconhece seu dono, e o burro, a manjedoura de seu mestre. Está na manjedoura; não tenhas vergonha de ser o burro do Senhor!

Sermão 189, 4

25 Dezembro

Ó amorosidade que não decepciona, amorosidade feliz e permanente!

Confissões II, 1, 1

CRISTO NASCEU!

Cristo nasceu; Deus por parte de Pai, homem por parte de mãe; do Pai a imortalidade, da mãe a virgindade; do Pai sem mãe, da mãe sem pai; do Pai eternamente, da mãe sem sementes; do Pai como o início da vida, da mãe como o fim da morte; do Pai para regular cada dia, da mãe para consagrar este dia.

Sermão 194, 1

26 Dezembro

Ó luz invisível da verdade e sabedoria que toda a luz do sol ou dos olhos jamais poderão trazer à luz: banha minha alma nas abençoadas e sagradas profundezas da Tua luz, para que o que quer que seja possa ver a Ti em Ti e se contemplar em Ti.

Solilóquios XIII, 1

A PALAVRA ESTAVA OCULTA NO PAI

Se pudermos comparar as pequenas coisas e as grandes, o menor com o maior, o humano com o divino, Deus também o fez.

A Palavra estava oculta no Pai. Para vir até nós, Ele comandou um tipo de veículo; fez-se carne. Ele veio até nós e não se separou do Pai.

Sermão 223A, 2

27 Dezembro

Ó Palavra de Deus, leva-me nesse transporte de deleite do qual a alegria divina flui.

Solilóquios I, 8

CRISTO, NOSSO CAMINHO E DESTINO

Através de Cristo como homem, percorres o caminho até Cristo como Deus. Deus é coisa demais para ti, mas Deus tornou-se homem. O que era um longo trajeto até ti tornou-se próximo através do homem.

O local no qual deves ficar é Deus; o caminho para chegar é o homem. É um único e o mesmo Cristo, tanto o caminho para ir como o lugar para onde ir.

Sermão 261, 7

28 Dezembro

Abre meu coração pelo derramamento de tua sabedoria e o ilumina com um raio dessa sabedoria para que possa meditar em todas as coisas que Tu fizeste por ele.

Solilóquios VII, 2

MARAVILHOSA É A BONDADE

O poder certamente é maravilhoso, mas ainda mais maravilhosa é a bondade: que Aquele que era capaz de nascer assim realmente desejava nascer!

Ele já era o único Filho do Pai quando nasceu como o único filho de sua mãe. E Ele, que foi feito em sua mãe, já tinha feito sua mãe para si.

Sermão 192, 1

29 Dezembro

Ó verdade suprema, ó verdadeira e infinita grandeza, Tu nos tornaste participantes da Tua glória e nos concedeste a capacidade de nos tornarmos Teus filhos, conformados à semelhança de Teu glorioso Filho.

Solilóquios VIII, 4

PERMANECER NA PALAVRA

Nós, que acreditamos em Cristo, devemos permanecer em Sua palavra. Porque, se permanecermos em Sua palavra, seremos verdadeiramente seus discípulos.

Não somente os Doze, mas todos nós que permanecermos em Suas palavras seremos verdadeiramente Seus discípulos. Nós conheceremos a verdade, e a verdade nos libertará, isto é, Cristo, o Filho de Deus.

Sermão 134, 6

30 Dezembro

Ó palavra por quem o tempo foi feito, nascido no tempo embora sejas a vida eterna, Tu chamas a nós, que somos presos ao tempo, e fazes de nós eternos.

Salmos 101, 10

DEUS SE TORNOU UM SER HUMANO

Deus se tornou um ser humano, de modo que em uma pessoa se tinha tanto algo a ver como algo a acreditar. Tu ouves, mas ainda assim não vês. Mira e contempla, Ele vem; mira e contempla, Ele nasceu.

Neste exato momento do nascimento, aqui já há duas coisas, Aquele que se pode ver e Aquele que não se pode. Mas é assim para que por meio d'Aquele que se pode ver, possas acreditar n'Aquele que não se pode ver.

Sermão 126, 5

31
Dezembro

Ó Deus, diante de Ti estão minha força e minha fraqueza; preserva a primeira e cura a segunda, eu peço a Ti.

Na Trindade XV, 51

VEJO OS CÉUS ABERTOS

Estevão pôde ver Jesus em pé. Ele estava em pé, e não sentado, porque, estando em pé e observando do alto seu soldado lutando abaixo, Ele lhe fornecia uma força invencível para que não caísse.

"Contemplа", disse Estevão, "eu vejo os céus abertos." Bem-aventurado o homem sobre quem os céus se abriram!

Sermão 314, 1

Impressão e Acabamento:
GEOGRÁFICA EDITORA LTDA.